억대연봉
강의기술

아마추어 강사에서 억대연봉 프로강사로 거듭나는 비법!

억대연봉
강의기술

서동범 지음

**강사는 가르치는 것 이상으로
소통하는 법이 필요하다!**

오르비클래스
스타강사
E.T 쌤이 알려주는
강의 스킬

푸른영토

나는 이렇게
학원강사로 성공했다

내 어릴 적 꿈은 과학자였다. 과학에 대한 흥미가 남달라서 남들보다 빨리 과학을 배우고 싶어 했다.

하지만 그렇게 가려고 했던 과학고에 떨어지고 나서 내 꿈은 첫 번째 위기를 맞이했다. 과학에 대한 열정은 실패를 딛고 더욱더 타올랐다. 고등학교에서는 본격적으로 학교 과학 동아리에 입부했다. 중학교 때 열심히 했던 공부에 힘입어 서울시 과학영재 육성 교육에 합격해 매주 토요일마다 과학 실험교육을 받기도 했다. 학업을 하기도 바쁜 마당에 여러 활동들로 피곤했지만 포기하지 않았다. 하고자 했던 목표가 뚜렷했기 때문이다. 어렸을 적 꿈이 있었기에 그 힘든 시기를 끈기와 열정으로 극복할 수 있었다.

고3이 되고 처음 한 일은 대학교 캠퍼스 투어였다. 나는 고민 없이 고려대학교 생명과학부 캠퍼스를 선택했다. 대학생이 되어 이 캠퍼스, 이 자리를 거니는 모습을 상상했다. 아침마다 하루도 빠짐없이 상상했던 것 같다. 이러한 상상은 내가 스스로 열심히 공부하도록 하는 데 큰 영향을 주었다. 그뿐만 아니라 영어 성적이 좋지 않았음에도 수능도 치기 전인 9월에 내가 원하던 학교의 학과에 입학하게 되는 기적이 일어났다.

이러한 일들이 일어날 거라고는 그 누구도 생각하지 못했다. 학교 선생님, 학교 친구들은 물론 부모님조차 수학, 과학만 좋아하던 내가 고려대, 그것도 들어가기 가장 어렵다는 생명과학부에 들어갈 거라고 말이다. 진학 상담을 할 때면 담임선생님은 학교를 낮추어 보자고 말씀하셨다. 하지만 나는 목표를 꺾지 않았다. 내가 합격하지 못할 거라는 생각은 단 한순간도 하지 않았다. 그렇게 내가 원하던 캠퍼스, 1년 전에 왔던 그곳에 나는 대학생의 신분으로 서 있었다. "Vivid Dream=Realized생생하게 꿈꾸면 이루어진다"라는 이지성 씨의 꿈꾸는 다락방의 공식을 생생하게 체험하게 된 것이다. 나는 이 공식을 지금까지도 좋아한다.

하지만 꿈꿔 왔던 대학생활은 순조롭지만은 않았다. 그렇게도 좋아하던 공부가 대학에 들어와서는 전공 공부에 흥미를 잃게 되었다. 원래 고등학교 때 명확한 목적지를 가지고 출항한 배가 지금은 어딘지도 모르는 바다 중간에서 표류하는 것 같았다. 이렇게 된 것에는 몇 가지 이유가 있었다.

내가 진정으로 원하던 것은 큰 변화였다. 노력해서 큰 발견을 하게 되면 그로 인해 세상에 큰 변화가 일어날 거라 생각했다. 하지만 현실은 그렇지 않았다. 생명과학에서의 발견이란 퍼즐의 한 조각에 지나지 않았다. 퍼즐이 완성되어도 그것을 이론화시키고 적용하는 데 적지 않은 시간이 든다는 사실을 알게 되었다. 이렇게 목적지를 잃게 된 나는 친구들과 술을 마시거나 노는 데 시간을 쓰기 시작했다.

군대에 다녀온 후에도 나의 방황은 끝나지 않았다. 무얼 해야 할지 몰라 주변의 좋다는 것에 자꾸만 유혹되었다. 그렇게 시작한 약대 편입공부는 나에게 잠시나마 목표를 잡아주는 듯했다. 그러나 시험을 보고 난 후 이것 또한 나의 길이 아니라는 생각에 다시 나의 길을 고쳐 잡았다.

'내가 좋아하는 것은 뭐지? 뭘 하고 살아야 나에게 기쁨을 줄 수 있을까?'

이때까지 나는 많은 학생들에게 수학 과외를 해오고 있었다. 처음에는 용돈을 벌기 위한 수단이었지만 점차 그 일은 즐거움으로 다가왔다. 힘든 와중에도 내 가르침으로 인해 성적이 많이 오른 학생들을 보며 뿌듯함을 느꼈던 것 같다.

그중 한 학생과 고3 겨울방학에 만났다. 그 학생의 성적은 바닥이었다. 중학교 수학부터 공부하지 않았던 터라 상황이 좋지 않았다. 이 학생은 나에게 시키는 대로 모두 할 테니 대학에만 보내 달라고 부탁했다. 내가 맡은 첫 고3이기도 했고, 대학교를 가고 싶어 하는 마음이 간절했기에 이 학생을 꼭 원하는 대학교에 합격시켜주고 싶었다.

남들이 미적분학을 할 때, 나는 좌표 위에 점을 어떻게 찍는지부터 가르쳤다. 학원의 고3 수업을 소화하지 못했던 이 학생은 나를 만나고 수능까지 점수가 수직상승하면서 1등급이라는 기적을 일궈냈다.

이 일을 계기로 학생들을 가르치고 싶다는 마음 속의 고동이 커지는 것을 느꼈다. 넓은 강의실의 많은 학생들 앞에서 강의하는 것, 그것이 나의 꿈에 대한 생생한 그림이 되었다.

처음에는 유명 인터넷 강사가 되기 위해 학원에 들어가자고 생각했다. 그러다 우연히 나의 대학 입학을 도와주신 은사님과 연락이 되었다. 그 선생님께서 일산의 수학 학원에서 근무하신다는 이야기를 듣고 바로 찾아갔다. 그것이 인연이 되어 대학 졸업학기부터 일산에 있는 〈수리학당〉이라는 학원에서 근무하게 되었다.

정말 닥치는 대로 했다. 수업을 준비하며 밤을 새워 보기도 하고, 연습장과 책을 100여 권 가량 제작하기도 했다. 가슴 뛰며 시작한 일임에도 시간이 지날수록 현실에 묻혀 가는 나를 발견하게 되었다. 반복되는 술자리, 그리고 목표와 좁혀지지 않는 거리는 처음 이 일을 시작했을 때의 강한 의지를 무색하게 만들었다.

이렇게 무기력증에 빠져있던 나에게 한 선배 강사가 이런 이야기를 해주었다. "강사로서 가장 힘들 때가 가장 성장할 수 있는 시기이다." 평소라면 그냥 흘려들었겠지만 내가 처음 학원강사를 하려 했을 때 했던 다짐들이 떠오르게 해주었다. 머리를 망치로 한 대 얻어맞은 것 같은 기분이 들었다. 그리고 지금 내가 해야 하는 것들이 머릿속에 정리되기 시작했다. 이때 그 선배 강사가 해준 이야기는 세 가지 정도로 간추려 볼 수 있겠다.

첫째, 강사의 기본 요건은 아이들과 학부모와의 커뮤니케이션이다

아이들과는 그들 개개인의 이야기를 들어 주고 소통해야 한다. 학부모에게는 아이들의 이야기를 전달해주어야 한다. 학생들이 많은 이야기를 해줄 수 있는 사람이 되어 그 이야기를 학부모에게 들려주자.

둘째, 강사는 매 순간 강의실에서 한 편의 공연을 하듯 아이들에게 즐거움과 감동을 주어야 한다

나의 이야기를 가지고 아이들이 지루할 틈이 없도록 해야 한다. 강사가 단순히 수학만 가르치려고 나와 있다고 생각하면 오산이다. 아이들의 멘토이자 인생의 선생이 되어주어야 한다.

셋째, 나의 가치를 높게 평가해야 한다

내가 나를 어떻게 평가하고 어떻게 행동하느냐에 따라 아이들이 그 강사를 보는 눈이 달라진다. 입고 있는 옷을 점검하고, 하나하나를 1타 강사처럼 행동해야 한다. 아이들은 이 강사가 어떤 강사인지 대번에 판단하고 그렇게 대하게 된다. 보강 시에도 딱 한 명만 불러서 보강하는 일은 없어야 한다. 나의 가치를 떨어뜨리는 행동을 하지 말아야 한다. 나는 항상 최고의 강사임을 아이들에게 각인시켜야 한다.

나에게 있어서 그때의 시련은 지금까지의 가치관을 송두리째 바꾸는 귀중한 경험이 되었다. 나는 내가 원하는 것은 무엇이든 이룰 수 있는 위대한 존재다. 강사로서의 성공도 중요하지만 그보다 더 중요한 것은 내적인 성공이라는 것도 깨닫게 되었다. 항상 아침에 일어나서 "감사합니다"를 외치고, 잠자기 전에 내가 이루고자 하는 것을 종이에 적었다. 성공하지 못하는 것은 내가 못해서가 아니라 성공할 것이라는 확신이 내면 깊은 곳에 없었기 때문이었다.

이루고자 하는 것을 종이에 적자 놀라운 일들이 일어났다. 원하던 대로 많은 일들이 일어나기 시작했다. 매일매일 힘들었던 일들이 이제는 즐거워졌다. 성공할 수 있다는 마음이 강하게 들었다. 아이들을 가르칠 때도 전보다 더 열정적으로 가르치고 있는 내 모습을 보게 되었다. 잊어버렸던 나의 꿈들이 깨어난 것이다. 아이들의 성적은 따라서 올랐다. 많은 학생들이 나의 수업을 듣기 위해 학원에 오기 시작했다.

점차 학생 수가 늘면서 학원 내에서도 인정받기 시작했다. 좋은 일도 연거푸 일어난다고 했던가. 갑작스러운 고3 담당 강사의 퇴원은 학원 내에서 가장 나이가 어렸던 나에게 기회로 다가왔다. 고2·3 이과를 담당하게 된 것이다. 나는 이 기회를 놓치지 않았고 학원에서 가장 넓은 프로젝터가 달린 교실을 쓸 수 있었다.

학원생 300명 이상에 강사 수만 15명이 되는 수학전문학원이었기에 선생님들 간의 경쟁도 치열했다. 학원 안에서 살아남으며 꼭대기로 올라가기 위해 고군분투해야만 했다. 서울대 출신의 강사들, 수학 전공의 선생님들, 그리고 오랜 시간 동안 강의를 해오신 분들을 이겨나가야 했다. 하지만 나는 확신이 있었다. 1등 강사가 될 것이라는 사실에 단 하나의 의심도 하지 않았다. 난 이 상황을 이미 즐기고 있었기 때문이다.

지금은 〈수리학당〉의 대표강사로서 억대연봉을 받고 있다. 그리고 그 이상의 성공을 위해 더욱더 노력하고 있는 중이다.

처음부터 순탄치만은 않았다. 강사로서 성공하기는 만만치 않다. 중요한 건 그 쉽지 않은 일들을 누구나 다 할 수 있다는 것이다. 평범한 비전공자 대학생인 나뿐만 아니라 낮은 스펙의 비전공자들 또한 성공한다. 그들은 특별하거나 특출나서 성공한 것이 아니다. 이미 성공할 줄 알고 있었기에 성공강사가 된 것이다. 제일 먼저 성공한 강사로서 필요한 모든 것들은 이미 다 내 안에 있었다는 사실을 인지해야 한다. 그것에서부터 눈 돌리지 말고 떳떳하게 마주해야 한다.

이 책은 당신이 강사로서 성공가도를 달리는 데 있어서 연료의 역할을 할 것이다. 당신은 이제 시동만 걸고 나를 믿고 달리면 된다. 성공강사의 지름길로 내달려라!

1

서동범 강사는 '될 성부른 나무는 떡잎부터 알아본다'는 속담을 떠올리게 한다. 친한 선후배, 형과 동생으로 안 지는 그리 오래 되지 않았지만 첫 만남부터 지금까지 늘 한결같았다. 소위 말하는 '1타 강사'가 되고자 끊임없이 노력하는 친구이다. 그런 목표가 '입신立身'이나 겉으로 보여지는 것만 추구하는 '허울'이 아닌 학생들을 위한 질 높은 수업 콘텐츠contents의 확산을 위한 것이라는 점에서 참 대단한 강사라고 느껴진다.

이 책은 이제 막 강사의 길을 들어서는 초보강사들에게 훌륭한 가이드가 되어줄 것이다. 자신의 자랑으로 도배되지 않고 군더더기 없이, 초보강사들에게 꼭 필요한 내용들로 기술되었다는 점에서 이 책의 매력이 한껏 돋보이지 않나 싶다.

점점 수가 줄어드는 대한민국 학생들, "강사라는 직종은 이미 레드오션이다"라는 말 등으로 인해 강사로서의 성공이 불안하기만 하다. 신규 강사들은 주변에 흔들리지 말고 이 책을 통해 자신의 목표를 차곡차곡 밟아가길 추천한다.

이미 훌륭한 강사이지만 현재보다 미래가 더욱 더 기대되는 강사인 서동범 선생이 앞으로 더욱 더 승승장구하는 모습을 바라본다.

정주형

현 이투스 온라인 강의, 대치, 분당, 대전 비전21.

반포 정성학원 수능 영어 강사

2

서동범 강사와는 〈이화여자대학교 창의수학 지도자과정〉에 본인이 주임교수로 수업을 하게 되면서 처음 인연이 되었다.

당시 서동범 강사는 강사를 시작한 지 얼마 되지 않았지만 탁월한 능력을 보여주었다. 친화적 성격과 뛰어난 사고력, 그리고 독창적인 강의력은 다른 학원 강사들과는 차별화된 모습이었다. 무엇보다도 그의 끊임없는 노력과 열정은 어느 강사보다도 뛰어났다. 창의수학 수업 중 서강사가 진행하였던 연구수업의 내용은 스타강사의 자질을 보여주기 충분했다. 그의 수업이 고등학생들에게 엄청난 도움이 될 것이라는 확신을 심어주었다. 여타 강사들과 다르게 수학 수업에 차별화된 모습을 유감없이 드러내었다. 수학강사가 된 지 얼마 되지 않았다고 사실이 믿기 힘들 정도였다.

단기간에 강사로서의 성공을 이루면서, 동시에 다른 초보강사를 돕기 위해 책까지 집필하는 일은 누구나 할 수 없는 일이다. 처음 나에게 배웠을 시절 초보강사였던 그가 이렇게 성장하여 〈억대연봉 강의기술〉이라는 책을 펴냈다는 것이 나에게 얼마나 뿌듯한 일인지 모른다.

30년 이상 학원계에서 학생을 지도를 하고 강사 교육에 20년 이상을 지내온 강사 교육의 선배로서, 서동범 강사는 억대연봉 스타 강사를 양성하고 대한민국 수학 교육에 새로운 지표를 이룰 것을 감히 기대한다. 앞으로 학원 강사로 억대연봉 이상으로 성공하고자 하는 후배 학원강사들과 수학 교육에 관심 있는 학부모님, 그리고 학원 교육으로 성공하고자 하는 모든 분들께 이 책을 강력히 추천한다.

방용찬

입시전문가. 현 잎새방송(인터넷 교육방송) 자문 위원,
이화여자대학교 평생교육원 창의수학지도자과정 주임교수

차 례

실력만으로 승부하는 시대는 끝났다

성공하는 강사의 비결은 따로 있다

초보강사에서 억대연봉 강사가 되는 기술

억대연봉 강사의 실전 수업 비법

좋은 강사를 넘어 억대연봉 강사가 되어라

실력만으로
승부하는 시대는
끝났다

01

실력만으로 승부하는
시대는 끝났다

　학원강사로서 중요한 요건을 한 가지 뽑으라고 하면 무엇을 뽑을 수 있을까? 많은 사람들이 실력이라고 대답할 것이다. 실력은 학원강사의 자질 중 중요한 요건이란 것을 부정하지는 않겠다. 하지만 그것 하나만 바라보기에는 실력 많은 강사들은 차고 넘치는 것이 학원 시장이다.

　내가 근무하는 〈수리학당〉에는 서울대 출신의 강사들이 유독 많았다. 그중에는 학원생활만 10년 이상 하신 분들도 많았다. 처음 학원에 들어갔을 당시 초보강사였던 나는 얼마나 위축이 되었겠는가. 심지어 나는 수학 관련 전공자도 아니었다. 수업을 할 때 항상 다른 강사와 비교당하지 않을까 노심초사했다. 그때는 몰랐다. 중요한 것은 학교 이름이나 경력이 아니라는 사실을.

그나마 내가 당시에 다른 강사들과 승부를 할 수 있는 것이 하나 있었다. 이 직업에 대한 열정과 패기였다. 다른 강사들이 수업이 끝나고 집에 돌아갈 때에도 나의 밤은 끝나지 않았다. 다음날 수업에 대한 문제를 풀고 수업에 필요한 연습장과 교재를 제작했다. 너무나도 피곤했지만 나의 열정에 피로는 눈 녹듯 사라져버린 지 오래였다. 강사라는 직업이 좋았고, 이 직업으로 성공하고자 하는 마음이 확고했다. 그랬기에 최선을 다했고, 점차 이러한 노력들은 인정받아가기 시작했다.

나는 다른 선생님들과 나의 결정적인 차이점을 발견하게 되었다. 바로 학원강사가 된 이유였다. 서울대를 졸업하여 엘리트 코스를 밟았던 강사들은 처음부터 학원강사라는 직업을 원해서 온 경우가 많지 않았다. 고시를 준비하다가 통과하지 못해 강사를 하신 분이 대부분이었다. 그래서인지 그들은 기본적으로 삶에 대해 부정직이고 패배의식에 사로잡혀 있었다. 수업에 대한 열정이 크지 않았고, 수업 준비도 해왔던 내용에 대해서만 설명하기 일쑤였다. 물론 그렇지 않은 강사들도 있었지만 그들 또한 마음속에 수학강사로 성공하리라는 꿈의 전구는 꺼져 있었다.

실력으로 그 선생님들에게 아직은 이길 수 없었다. 대신 실력이 아닌 내가 가진 다른 무언가로 앞질러보리라 다짐했다. 그렇게 내가 처음 집중했던 것은 학생 개개인에 대한 완벽한 이해였다. 학원에 들어온 지 얼마 되지 않았을 당시에는 나에게 맡겨진 학생 수가 많지 않았기에 좀 더 수월하게 학생 개개인에 맞추어 수업이 가능했다. 학원에 들어오기 전 개인 과외를 해왔기 때문인지 학생들 앞에서 강의를 하는 것보다 옆에서 첨삭해주는 편이 더 편했다. 내가 학생을 처음 봤을 때 분석하고 평가했던 것은 다음의 세 가지였다.

1. 이 학생의 지금 현재 상태
2. 수업에 대해 받아들이는 이해도
3. 과제를 수행해 오거나 공부를 하려고 하는 의지

이렇게 세 가지를 수준에 따라 5단계로 나누어 점검했다. 그러다 보니 아이들을 어떻게 가르치고 다루어야 할지 보이기 시작했다. 5년 동안 과외를 하면서 개별적인 관리를 해온 경험이 큰 도움이 된 것이다.

이런 식으로 하나둘 점검을 해가니 아이들의 실력이 느는 것이 느껴졌다. 학원에 들어온 지 얼마 되지 않았지만 학생들의 개별 관리를 잘한다는 소문이 원장님 귀까지 들어가게 되었다. 지금은 반이 꽉 차서 아이들이 들어올 자리가 없었지만 이때까지만 해도 내가 개별로 맡는 반은 하나도 없었다. 내가 맡는 학생들은 반에 적응하기 힘든 아이들이었다. 그들을 훈련시켜 정규반에 편입시키는 것이 나의 역할이었다.

이때 나에게 고3 학생을 맡을 기회가 생겼다. 원장님이 고3 학생이 있는데 너무 공부를 못해서 기본기를 좀 봐달라는 요청이었다. 그때는 앞뒤 재볼 것 없이 바로 OK 했다. 지금 와서 생각해보면 그 학생은 상태가 심각했다. 문과였던 학생은 내신 관리가 하나도 되어 있지 않았고 모의고사 점수는 무려 7점이었다. 정말 대단한 점수였던 것 같다. 이게 어떻게 기회냐고 생각하는 사람들이 많을 것 같다. 하지만 나에게는 큰 보석과도 같았다.

이 학생은 수학에 대해 고3이 되도록 진지하게 생각해본 적이 없는 학생이었다. 다른 과목은 앞부분을 공부하지 않아도 뒷부분부터 공부가 가능하다. 하지만 수학은 초등학교부터 고등학교 과정에 이르기까지 중간에 놓친 부분이 있다면 앞부분부터 다시 학습해야 한다. 한 번 놓친 버스를 쫓아 뛰다가 한 번 넘어지고 포기한 경우가 대부분이었다. 이 학생도 중학교 1학년 때 했던 수학이 알고 있는 전부였다. 나는 그 연결고리부터 해결하기 시작했다. 함수의 그래프를 설명하기 위해 점을 찍어가며 왜 함수가 형성되고 어떻게 만들어지는지부터 설명해주었다. 그리고 그 부분에 맞추어 충분히 풀어올 수 있는 가장 쉬운 문제집을 풀게 했다. 결과는 대성공이었다. 알고 있는 부분부터 개념의 고리가 연결된 이 학생은 무서운 속도로 나의 가르침을 따라 오고 있었다.

그래서 어떻게 되었을까? 처음 나를 찾아왔을 때 일차함수와 이차함수가 어떻게 생겼는지도 모르던 이 학생은 단 몇 개월 만에 진도를 따라잡았다. 그리고 드디어 수능 당일, 77점이라는 놀라운 점수를 일궈냈다. 처음 받았던 점수에서 11배나 성적이 뛴 것이다. 기적이라고밖에 할 수 없었다. 어떻게 이런 일이 가능했을까?

그 학생은 5년이 지난 지금까지도 가끔 날 보기 위해 학원으로 찾아온다. 그리고 올 때마다 나에게 하는 말이 있다.

"선생님이 아니었으면 정말 지금의 제가 있지 못했을 거예요. 그때 절 윽박지르지 않고 절 수업해 주신 분은 쌤이 처음이었거든요. 정말 이 은혜 평생 잊지 않겠습니다."

이때의 나는 정말 아무것도 모르던 때였다. 하루하루 수업을 할 때마다 그날 수업을 위해 공부를 미리 해가야 할 정도였다. 하지만 이때 일궈낸 성과는 억대연봉을 벌고 있는 지금까지도 나에게 최고의 결과였다. 이는 실력이나 스펙보다 중요한 무언가가 있다는 것을 이야기해준다. 물론 여기에 실력까지 겸비했다면 더 좋은 결과물을 냈었을지도 모르겠다. 하지만 그보다 더 중요한 것은 그 학생과 진정한 소통을 했고, 그로인해 그 학생의 성적이 기적적으로 올랐다는 사실이다.

02

이제
강의는 기본이다

일반인을 대상으로 회화를 가르치고 있는 A 강사는 이번 달도 울상이다. 분명 수업도 잘했고 학생들의 반응도 나쁘지 않았던 것 같은데 왜 시간이 갈수록 10명의 수강생이 7명으로 줄어든 건지 모르겠다. 7명의 수강생도 결국 월 말이 되어서는 반 이하의 학생밖에 남지 않았다. 심지어 어떤 달은 전달에 수강했던 학생이 아무도 재수강 하지 않는 일도 일어났다. 옆 강의실의 B 강사는 항상 강의실이 꽉 차서 들어갈 자리가 없다고 한다. 자리가 없어 대기하는 학생들까지 있다고 들었다. 자존심이 상한다. 도대체 왜 이러한 차이가 나는지 모르겠다. 내가 봤을 때 나의 강의는 좋다고 생각하는데 말이다.

강사에게 있어서 '재수강'이라는 것은 매우 중요하다. 현재 나의 수업이 올바른 방향으로 진행되고 있는지를 알 수 있는 명확한 지표이기 때문이다. 학생들이 재수강을 하지 않고 나가는 것은 분명 나의 수업에 무언가 문제가 있다는 것을 의미한다. 중·고등학생들을 대상으로 하는 수업의 경우는 그나마 재수강률이 상대적으로 높은 편이다. 그 결과물이 중간고사나 기말고사와 같은 시험에서 나타나기 때문이다. 그렇기에 그 전에는 어느 정도의 강사에 대한 믿음을 주며 끌고 나가면 시험 전에는 큰 문제가 생기지 않는다. 하지만 그렇다 해서 이러한 문제점을 찾아 고치지 않는다면 작았던 이 문제들이 점차 커져서 대규모 퇴원과 같은 최악의 결과물을 초래할 가능성이 있다. 한편 일반인들을 대상으로 하는 학원은 매달 재수강 여부를 신경 써야 하지만 문제가 커지기 전에 미리미리 예상하고 보완할 수 있단 점에서 장점을 찾을 수 있다.

그렇다면 이러한 재등록을 하지 않는 이유는 어디에 있는 것일까? 위의 예시인 A 강사가 B 강사에 비해 상대적으로 떨어지는 이유는 이 세 가지를 살피지 않아서이다.

첫째, 내 수업이 재미있는지 살펴봐야 한다

수업은 학원이란 공간에서 내가 진행하는 일종의 뮤지컬이라 생각하면 된다. 그 뮤지컬의 주제가 오늘 수업의 내용이라 생각해보자. 관객들이 나의 공연을 보기 위해 이 자리에 앉아있다. 나는 과연 내 수업을 재미있고 만족스럽게 풀어내고 있는가? 혹시 스스로의 지식의 틀에 갇혀 수업을 듣는 대상의 눈높이에 맞추지 못하고 있지는 않은가? 수업을 할 때, 강사는 '대학교수'가 되어서는 안 된다. MC이며 주인공이고, 때론 학생들의 멘토가 되어야 한다. 혼자 여러 역할을 맡되, 관객들과 소통하고 끊임없이 수업을 재미있게 만들기 위해 노력하는 배우가 되어야 한다.

둘째, 목표에 대한 동기부여를 하고 있는가 살펴봐야 한다

그나마 고등학생들의 수업은 이러한 동기부여와 목표의식이 없어도 수업이 가능하다. 잠정적으로 대학이라는 목표가 설정되어 있기 때문이다. 그렇다 하더라도 동기부여와 목표설정은 매우 중요하다. 잠정적 목표가 있다 하더라도 그 목표는 자신의 목표가 아니거나 아직까지 너무 멀게 느낄 가능성이 크다.

초·중학생과 일반인의 경우는 더 힘들다. 뚜렷한 목적의식이 없이 왔거나 누군가가 시켜서 왔기 때문이다. 목적 없는 공부는 망망대해에 떠 있는 돛단배와 같다. 바람이 불거나 파도가 치면 목적지 없이 흘러가다 커다란 파도에 전복되어 버리고 말 것이다. 이러한 학생들에게 강사는 명확한 지침을 주어야 한다. 가는 길마다 불을 밝혀주면서 가야 하는 방향이 어딘지 까먹지 않도록 끊임없이 되새김질시켜야 한다. 목적지가 명확해지면 학생들은 차차 나아가게 되어 있다. 그들은 스스로 가는 법을 깨우칠 때까지 강사라는 등대를 따라올 것이다.

셋째, 학생에게 신뢰받고 있는 강사인지 살펴봐야 한다

강사는 학생을 대학 입학이라는 목적지까지 안내해야 하는 중대한 임무를 띠고 있다. 이는 고3에 가까울수록 더욱 책임감이 커지기 마련이다.

이 강사가 얼마나 나를 잘 이끌어줄지에 대한 신뢰도는 아이들이 계속 수업을 들을지 말지를 결정하는 데 있어서 매우 중요한 역할을 한다. 이러한 신뢰도는 강사의 수업 준비와 열정에서부터 나온다. 수업 준비가 철저히 되어야 학생들의 수업을 매끄럽게 만들어갈 수 있으며, 이 매끄러운 수업을 열정이라는 스프레이로 고정시켰을 때 아이들의 신뢰도는 단단히 굳어진다.

아이들은 강사가 얼마나 열정적인지, 또 얼마나 자신들을 위해 노력하는지 대번에 파악한다. 그렇기에 강사는 아는 것을 좀 더 매끄럽게 가공하고, 조금이라도 의심스러운 부분에 대해 공부하고 연구해야 한다. 학생들에게 강사는 우상이자 목표이고, 나를 이끌어 주는 멘토이자 리더가 되어야 한다. 그래야 학생들은 강사를 믿고 따르게 된다.

처음 학원에 들어갔을 때 강의를 잘하지 못했던 때가 생각이 난다. 당시의 나는 수업 준비를 하지 않아도 가르칠 수 있을 거라는 무모한 자신감을 가지고 있었다. 그러다 중요한 수업에서 어이없는 실수를 저지르고 말았다. 그 실수로 인해 나에 대한 학생들의 신뢰도는 뚝 떨어졌고, 선생님들 사이에서도 구설수에 올랐던 적이 있었다. 경력이 오래되신 선생님조차 수업 준비를 게을리 하지 않는다는 사실을 나중에 알게 되었다. 이 일을 계기로 기본이 되지 않으면 그 이상의 파격으로 나갈 수 없음을 절실히 느꼈다. 그때의 나는 기본이 되어 있지 않은 강사였던 것이다. 이것을 깨닫고 나는 치열하게 노력했다.

우선 내가 학원의 주인이라는 생각으로 마음가짐을 고쳐 잡았다. 학원이 끝나자마자 지쳐 집에 돌아가려 하거나 정리가 다 되지 않은 상태에서 귀가 하는 일들이 없어졌다. 대신 끝나고 나서도 학생들의 일지를 살펴보고 그날 수업 내용이 어떠했는지 피드백했다. 다음날 수업할 내용들을 다시 한 번 점검해보는 것도 잊지 않았다. 이때 작성했었던 강사 수업노트는 5년이 지난 지금까지도 매우 유용하게 사용되고 있는 자료 중 하나이다. 또한 수업을 잘하는 강사들이 어떻게 학생들을 관리하고 어떻게 수업을 하는지 벤치마킹 했다.

치열하게 노력한 몇 개월 동안 나에게 변화는 생각보다 빠르게 다가왔다. 드디어 나의 강의가 조금씩 갖추어지기 시작한 것이다. 다른 강사들이 나에 대해 수업을 못한다고 이야기하는 것들도 없어졌다. 이처럼 강의를 잘하는 것은 기본이 되어야 한다. 그 기본에 여러 요소들이 추가되었을 때, 강사가 더 크게 성장할 수 있는 발판이 마련될 것이다. 이 책을 통해 여러분이 그 기본 틀을 갖추어가길 바란다.

03

학원강사는
나랑 맞지 않나 봐!

학원강사들은 고민이 많다. '학원강사'라는 키워드로 검색을 해보면 가장 1순위로 뜨는 것이 '이직'일 정도로 현재 상황에 대해 부정적으로 인식한다. 내가 자주 들르는 네이버 강사 커뮤니티인 〈학원강사모임〉에서도 그들의 힘든 일상에 대해 자주 글이 올라온다. 그중 몇 가지 사례들을 소개해보고자 한다.

사례 1 저는 지방 사범대학 국어교육과를 졸업했고 임용 준비 3년을 하다가 관두고 학원강사로 전향한 케이스입니다. 다행히도 좋은 원장님 만나서 임용 준비하던 시절보다는 경제적, 심리적으로 안정적인 삶을 살고 있죠. 그때는 노량진에서 컵밥을 먹는 힘든 시절이었으니까요. 그렇게 나름 30대 초반을 보내다가 서른여섯이 된 지금은 미래가 다시 엄청 불안하네요. 이 학원강사를 언제까지 계속할 수 있으며 나라는 인간이 이런 무한 경쟁의 시장에 어울리는 인물일까 하는 회의감이 겹쳐지더군요. 그리고 무엇보다 결혼에 대한 불안감이 크네요. 그간 소개팅을 통해 좋은 감정을 나눴던 분들도 주말에 일하고 밤늦게 퇴근하는 저의 생활패턴을 받아들이지 못하고 헤어지는 일이 다반사인 것 같아요. 결혼을 하려면 단 200만 원을 벌더라도 남들과 비슷한 생활을 해야 하는지 뼈저리게 느꼈습니다.

제가 이 업계에 뛰어들면서 세웠던 기준이 '학교 선생보다 3배 정도 더 벌면 깨끗이 교사에 대한 미련을 버리자'였습니다. 그 목표는 달성하긴 했지만 결국 학교 선생님이 가진 특유의 안정성이 다시 임용을 준비하고 싶다는 생각을 들게 합니다. 현실적인 이유로 실행에 옮기지는 못하고 미련이 다시 생기는 요즘입니다.

이 사례의 주인공은 처음부터 학원강사를 할 생각은 아니었다. 임용 준비가 잘되지 않자 학원강사로 전향했다. 의외로 학원강사들 중에 임용시험이나 고시를 치다가 잘되지 않아 돈을 벌기 위해 시작하게 된 케이스가 많다.

처음에는 경제적, 심리적인 안정감으로 인해 좋았지만 나이가 들수록 불안한 마음을 토로하고 있다. 학원강사가 목표가 아닌 대안이기 때문이다. 이렇게 불안한 마음이 앞서다 보면 지금 상황에 대한 부정적인 인식들이 줄을 서게 된다. 남들과 시간이 맞지 않는 점, 그리고 미래가 불분명하단 점을 들어 임용을 준비하고 싶어 한다. 하지만 결국 현실적인 문제, 즉 경제력으로 인해 실행을 못하고 있는 상태이다.

이러한 고민을 가지고 있는 강사들은 적지 않다. 결국 여기서 가장 중요한 것은 결국 학원강사라는 직업이 나와 잘 맞는지에 대한 궁합이라 생각한다. 남녀사이에 그 둘 사이의 궁합이 있듯 직업과 사람사이에도 궁합이 있다. 학원강사는 분명 좋은 직업이다. 하지만 분명한 것은 단점도 명확하게 나타나는 직업이다. 이런 단점이 있음에도 장점이 더 크게 부각된다면 이 직업에 내가 잘 맞는 것이고, 그 반대라면 빨리 다른 직업을 알아봐야 한다. 뒤에서 다루겠지만 일을 하는 것을 즐기지 않고는 그 직업에서 절대로 성공할 수 없기 때문이다.

사례 2 안녕하세요. 저는 지방에서 수학학원 강사로 일하고 있습니다. 수학교육과를 졸업하였고 집안 형편이 좋은 편이 아니라 졸업 후 임용고시 보지 않고 바로 취직했습니다. 하지만 이 일이 스트레스가 장난이 아니더군요. 시험기간에 받는 스트레스는 물론 수업 때도 하나하나 신경 써야 합니다. 또 수학전문학원에다가 원장님이 까다로우셔서 제가 하는 일이 아주 많습니다. 학부모 상담, 매일 학원생 상담, 업무일지, 오답노트 검사, 학기별 수업계획서 작성, 각자 맡은 구역 깨끗이 청소, 월요일마다 강사들끼리 스터디 등이 있네요. 일을 시작한 지 1년 조금 넘었는데 제가 생각한 것보다 너무 일의 양이 많아서, 2시에 출근하고 10시에 퇴근합니다. 일주일에 세 번은 고등부 때문에 11시 30분에 퇴근을 하고, 토요일은 4시간 수업, 일요일 2시간 수업을 합니다. 휴일은 특별공휴일에 쉴 수 있지만 시험기간에는 그마저도 쉬지 못 합니다.

하지만 월급은 꽤 높다고 생각합니다. 초등, 중등 수업으로 200~230만 원 정도 받고, 고등학생들 수업에 추가로 받는 것까지 평균 월급이 280만 원 정도입니다. 다른 학원에 비해 많이 받는 것 같기는 한데, 그만큼 일이 너무 힘들어요. 주변에서는 돈을 많이 주니까 계속 다니라고 하더라구요. 계속 다니는 것이 좋을까요?

위의 사례를 읽고 어떠한 생각이 드는가? 사례의 주인공은 학교 졸업 후 바로 학원에서 근무하게 되었고, 나름 바쁜 일정과 일들을 소화하며 학원에서 근무를 하고 있다. 무척 힘들기는 하지만 남들보다 급여를 더 많이 받기에 주변에서 계속 다니라고 하는 것을 보면 현재 급여에 만족해 있는 듯하다.

이러한 사례를 보면 나는 참으로 답답한 마음이다. 같은 노력과 시간을 들여 더 좋은 결과물을 낼 수 있다면 이직을 하는 것이 당연하다. 대부분의 어린 강사들이 어떤 조건이 좋은 조건인지 모르는 채 학원에서 원하는 대로 일을 하면서 적은 급여를 받고 착취당하고 있는 현실이다. 만약 학원강사로서의 욕심이 있다면, 과감해져야 한다. 연못에 사는 물고기가 커봐야 아무리 바다에서 경쟁할 수 있을 리 없다. 강사로서의 자부심과 프라이드를 갈고 닦아야 한다. 내가 노력한 만큼의 대가를 바랄 수 있는 강사가 되어야 한다. 그러기 위해 가장 먼저 해야 할 일은 내 스스로가 강사에 맞는지 점검하는 일이다.

강사로 적합하다고 생각한다면 위 사례들의 주인공이 하는 모든 일들을 누가 하라고 하지 않아도 스스로 할 수 있는 준비가 되어 있어야 한다. 부모님이 공부하라고 백날 이야기해봤자 아이들은 공부하지 않는다. 스스로 공부가 필요하다고 생각하는 아이들만이 제대로 공부를 하는 것이다. 강사도 마찬가지다. 누군가가 시켜서 나오는 성과는 그 사람의 성과가 아니다. 그 일을 시킨 학원의 성과인 것이다. 결국 강사는 힘들게 노력하고 그 성과물을 학원에 바치는 셈이다. 학원이 시키기 전에 강사가 먼저 나서서 해야 한다. 학생 관리와 스터디, 학원 청소, 학부모와의 소통 등 이것 외에도 강사로서 성공하기 위해 해야 하는 일들은 산더미처럼 많다.

만약 강사가 나랑 맞는지 궁금하다면 이 세 가지는 꼭 점검해보길 권한다.

첫째, 내가 스스로 원해서 강사를 시작했는가?

둘째, 내가 하고 있는 많은 바쁜 일들이 스스로가 만든 것인가, 아니면 누군
가 시켜서 하는 일인가?

셋째, 힘든 일 와중에도 항상 마음이 두근거리고 이 분야에 성공한 나의 모습
을 상상할 수 있는가?

이 세 가지 중 단 한 가지도 해당하지 않는다면 학원강사라는 직업과
잘 맞는지 다시 한 번 생각해 보자. 내 직업과 맞지 않는다는 생각이 들
면 그 직업으로는 절대 성공할 수 없다. 스스로 그 직업에 열정을 가지고
노력했을 때 그에 대한 가치를 얻을 수 있는 법이다. 이 책에서는 노력할
준비가 있는 당신에게 좀 더 효율적이고 빠르게 성공으로 나아갈 수 있
는 방안을 제시해줄 예정이다.

'학원강사 성공행 열차'를 타기 위한 열정과 노력이라는 티켓을 당신
은 이미 가지고 있는가? 그렇다면 당신은 출발할 준비가 되었다. 지금
당장 이 책과 함께 출발하자.

04

아, 나도 1등 강사
한번 해보고 그만두고 싶다

독수리와 굴뚝새의 이야기를 아는가? 새들끼리 서로 높이 날 수 있다며 다투다 결국 누가 더 높이 나는지 경쟁해보기로 했다. 이때 우승을 차지한 것은 독수리였다. 그런데 놀랍게도 독수리의 날갯짓 사이로 굴뚝새가 타고 있는 것이 아닌가. 굴뚝새는 독수리가 가장 높이 올라갔을 때 그로부터 날아오르기 시작했다. 이미 지칠 대로 지쳐있던 독수리는 굴뚝새를 따라잡을 수 없었다.

독수리가 "어떻게 그렇게 높이 날 수 있니?"라고 묻자 굴뚝새는 웃으며 대답했다. "네가 여기까지 데려다줬잖아. 나 혼자서는 이렇게 높이 날지 못했을 거야. 걱정하지 마. 이번 시합에서는 네가 이겼어"라고 말이다. 그리고 굴뚝새는 이렇게 덧붙인다. "예전부터 이렇게 높은 곳에서 내려다보는 세상은 어떤 모습일까 늘 궁금했어. 이젠 알았어. 지금 이 순간을 오래도록 잊지 못할 거야. 고마워."

몇 년 전부터 항상 입버릇처럼 달고 살았던 말이 하나 있다. '아, 정말 이학원에서 1등 강사 한번 해보고 그만두고 싶다'라는 말이다. 5년간 한 학원에서 일하면서 나에게 정말 많은 일이 있었다. 여러 시련과 역경을 극복하면서 꼭 한 가지 이루고자 했었던 소망은 다름 아닌 이 학원에서 1등을 하고 학원을 그만 두는 것이었다.

내가 다니는 〈수리학당〉이라는 학원은 처음에 공부방에서부터 시작했다. 아파트 두 채를 공부방으로 만들어 아이들을 수업하는 구조였다. 사실 공부방은 현행법상 여러 가지 까다로운 조건들이 많았다. 상대적으로 학원에 비해 제약이 적고, 탈세도 쉬웠기 때문이었다. 그로 인해 많은 공부방들이 생겨났고, 생겨나는 많은 공부방들을 규제하기 위해 정부는 까다로운 규칙들을 지시했던 것이었다.

이 공부방에 들어온 지 1년 정도가 되었을 때 사건이 터지고야 말았다. 교육청에서 조사를 나온 것이었다. 주변 공부방 중 가장 잘 운영이 되던 〈수리학당〉이 여타 경쟁업체의 타겟이 된 것이 분명했다. 교육청에서 조사를 나온 이유는 학생을 데리러 온 학부모들의 차량이 주민들의 불편을 초래한다는 이유에서였다. 결국 몇 가지 까다로운 조항에 걸리게 된 공부방은 사라질 위기에 처하고야 말았다. 하지만 이 위기를 기회로 살려 그간 모아놓은 자금으로 학원으로 나아갈 준비를 시작했다.

이렇게 백마 학원가에 2015년 여름, 〈수리학당〉이라는 이름으로 고등수학전문학원이 학원가에 등장하게 되었다.

〈수리학당〉은 특이한 학원이었다. 우선 학원 자체의 홍보를 전혀 하지 않았다. 들어오는 학생들은 모두 소개를 통해 들어오거나 소문을 듣고 찾아오는 경우밖에 없었다. 학원임에도 불구하고 건물 외벽에 그 흔한 간판조차 없었다. 많은 학부모들 사이에서는 간판 없는 학원으로 유명세를 타기도 했다. 나중에 알게 된 사실이지만 학원 대표가 전략적으로 학원의 간판을 달지 않았다고 한다. 간판 없이 입소문으로 홍보효과를 노린 노림수였던 것이다.

반의 운영방침 또한 독특했다. 강사 두 명이 한 팀을 이루어 두 반을 맡는 구조로 수업이 진행되었다. 사실 이는 공부방 때부터 시행되던 규칙이었는데, 학원으로 바뀌고 나서도 그대로 시행되었다. 이러한 규칙은 문제점도 많이 초래했지만 장점도 많았다. 우선은 강사 두 명이 한 팀을 이루게 되니 두 강사 중 경력이 있는 강사가 경력이 떨어지는 강사를 케어해줄 수 있었다. 그렇다고 강사와 보조강사라기보다는 조금 더 아이들의 관리를 전담해줄 수 있는 선임강사의 느낌이 강했다. 또한 한 강사가 휴가를 가거나 쉬고 싶을 때, 다른 강사에게 일을 맡길 수 있다는 장점이 있었다. 학원강사라는 직업의 가장 큰 단점은 쉬고 싶을 때 맘대로 쉬지 못한다는 것이다. 이러한 단점을 보완해주기 위한 시스템을 갖추자는 취지로 만들어진 것이 이 2인 1팀 구조였다.

하지만 이 구조에는 결정적인 단점이 있었다. 학원강사는 개개인의 개성이 강한 직업이다. 그렇기에 강사마다 지향하는 수업의 방식과 스타일이 다르다. 비슷한 실력의 강사 두 명 이상이 팀을 이루게 되면 그 팀에서는 문제가 생길 수밖에 없는 구조였다. 사공이 많으면 배가 산으로 간다고 했던가? 강사가 많으면 배는 빙하로 갈지 아니면 우주로 갈지 아무도 알 수 없다. 그만큼 강사들끼리 팀을 짜서 수업을 하는 것은 효율적이지 못한 구성이었다.

학원에 아이들이 자유롭게 먹을 수 있는 카페공간도 있었다. 이곳에서 학생들은 자유롭게 음식을 사와서 먹거나 학원에 있는 라면이나 핫도그 같은 간단한 요기를 할 수도 있었다. 하지만 이러한 점을 이용하여 학원에 다니지 않는 친구들을 데리고 와 라면을 먹는다던가, 학원에 음식이나 음료 등을 잔뜩 가지고 가버리는 학생들이 생겼다. 그로 인해 라면은 사라지고 음료수 또한 생수로 대체되었다.

이러한 독특한 운영 방식이 입소문을 잘 탔는지 학원은 시작한 지 얼마 되지 않아 일산 고등부 전문수학학원으로서의 입지를 튼튼하게 잡아갔다. 학원이 점점 커지게 되자 주변 경쟁 수학학원은 긴장을 하기 시작했다. 처음 보던 학원이 들어섰는데 고등 수학으로만 200~300명 가까이 데리고 있다는 것은 근처 학원 시장을 술렁이게 하기에 충분했다. 그들에게는 학원을 공격할 만한 대책이 필요했을 것이다. 수학전문학원인 것치고는 이과생들에 대한 전략이 애매모호하고, 상대적으로 전문성이 떨어진다는 것을 이용했다. 〈수리학당〉의 강사들이 고학력자이긴 했으나 문과 선생님이 많다는 것도 한몫을 했던 것 같다. 그렇게 많은 이과 학생들이 〈수리학당〉을 떠나갔고, 〈수리학당〉은 문과 중심 수학학원이라는 소문이 돌기 시작했다.

하지만 나는 이런 기회를 잘 활용했다. 학원이 잘되면 변화를 추구하지 않지만, 학원이 잘되지 않으면 혁신을 단행하려 한다. 강사들 중 가장 어렸던 나는 사실 이과를 전담하는 강사가 아니었다. 처음 학원에 들어갔을 때는 뒤처지는 학생들을 대상으로 개인 케어를 하는 강사였다. 그후 2년간은 고1을 담당하여 수업을 했었다. 그런 와중에서도 틈틈이 이과 고3을 수업하기 위한 준비를 계속 해나갔다.

이런 준비를 하고 있는 나에게 드디어 기회가 찾아왔다. 이과를 담당하셨던 선생님께서 학원을 그만두게 된 것이다. 이 순간을 나는 놓치지 않았다. 지금까지 준비해온 것들을 총동원하여 고등학교 이과 수업을 따내기 위해 노력했다. 결과는 대성공이었다. 이때 얻은 자리는 나를 억대연봉으로 만들어 주는 발판이 되었다.

나에게 〈수리학당〉은 독수리다. 초보강사였던 나를 태우고 높이 비상해준 나의 고마운 마당이다. 나는 더 높이 비상할 준비가 되었다. 1등 강사로서 가장 높이 올라간 지금 현재의 높이보다 더 높이 날아오를 때이다. 지금 여러분은 어떤 독수리 위에 타 있는가? 혹시 스스로 날지 못할까 봐 겁을 내고 있는가? 그렇다면 독수리가 가장 높이 올랐을 때를 이용해 더 높이 날아오르기 바란다. 당신의 꿈은 그보다 더 높은 곳에 있을 테니 말이다.

05

잘 가르치면 된다는
착각에서 벗어나라

　처음 학원에 왔을 당시 아이들을 잘 가르쳐야 한다는 압박 아닌 압박을 가지고 있을 때가 있었다. 당시의 나는 자신감이 없었고 상대적으로 아이들이 잘한다고 생각했던 것 같다. 이러한 부족함을 채우기 위해 내가 선택한 방법은 유명 강사의 인터넷 강의를 듣는 것이었다. 이때는 무작정 인터넷 강의를 통해 수업할 내용에 대해 먼저 공부했었던 것 같다. 그 이후 신승범 강사의 강의가 좋다는 이야기를 듣고 그의 강의를 접하게 되었다. 그때 당시 나에게 있어 그의 강의는 신세계였다. 가려웠던 궁금증을 뻥 뚫어주는 느낌이었다. 나의 강의도 이런 식으로 하면 되겠구나라는 생각이 들어서 그가 했던 정리들을 노트에 빼곡히 따라 적기 시작했다.

이렇게 해서 완성된 1시간짜리 함수 강의는 아이들을 잘 가르치려 했던 나의 방향과는 다르게 좋지 않은 방향으로 흘러가버렸다. 수업을 들었던 10명 중 4명의 학생이 졸고 3명의 학생은 이해를 못 하고 멍해 보였다. 단 3명의 학생만이 무언가 알겠다는 표정을 짓고 있었다. 더 웃긴 사실은 그런 수업을 진행한 나 자신에게 대단히 뿌듯했다는 점이다. 아이들이 어떻게 반응하던 상관하지 않고 나만의 완벽한 강의라며 아이들에게 전달한 것이다. 마치 유명 축구선수가 아마추어 학생들 앞에서 바나나킥을 차며 "참 쉽죠. 여러분도 쉽게 따라 할 수 있어요"라고 말하는 것과 다를 바 없었다. 그 수업을 들은 학생들 대부분은 수업을 이해하지 못했고 나의 완벽한 실패였다.

강사는 수업을 잘 가르치려 하는 순간 모순에 빠지게 된다. 대부분의 아이들은 그럴 준비가 되어 있지 않기 때문이다. 신승범 강사의 강의는 잘 가르치는 강의이다. 하지만 그것은 어디까지나 상위권들의 이야기이다. 태어난 지 3개월밖에 되지 않은 아이에게 분유를 주지 않고 처음부터 고기를 들이밀어버린다면 어찌하겠는가. 대부분의 학원에 오는 학생들은 기초가 되어있지 않다. 그들에게 수업을 하기 위해서는 내가 가지고 있는 재료들을 잘 갈아서 먹기 좋은 형태로 만든 후 제공해야 한다. 먹기 좋은 형태로 바로 앞에 가져다 놓아도 먹는 방법을 몰라서 먹지 못하는 아이들이 전체 학생의 80%이다. 그렇기에 학원강사는 나머지 20%의 학생을 위해 잘 가르치겠다는 생각을 잠시 내려놓아야 한다.

가르치는 데에 물이 오르고 있던 3년 전 쯤의 일이었다. 한 선생님의 사정으로 주말 수업을 못하게 되시면서 갑작스럽게 반을 맡게 되었다. 운이 나쁘게도 시험 3주 전의 일이었다. 그 반은 학원의 2학년 문과반 중 가장 클래스가 높은 반이었다. 나는 아이들에게 줄 내용들을 추려서 수업할 생각에 부풀어 있었다. 수업 전에 자료를 준비하고 풀어야 될 문제들을 선별하여 직접 풀었다. 내 생각으로는 완벽한 수업 준비였다. 수업 시간에 나는 그 내용들에 대해 정말 최선을 다해 설명했다. 그 문제들이 아이들에게 도움이 되지 않을 거라고는 조금도 생각하지 않았다. 가장 높은 반이고 외고와 국제고에 다니는 학생들이니, 무엇을 설명해도 다 알아들을 것이라 생각한 것이 큰 실수였다. 결과는 대규모 퇴원으로 이어졌다. 아이들의 시험점수는 좋지 않았고 심지어 잘하는 몇몇의 아이들 또한 수업이 좋지 않다며 불만을 토로했다.

당시 나는 이해할 수가 없었다. 분명 수업은 완벽했고 중요하면서 어려웠던 내용을 잘 설명하는 데 최선을 다했다. 그런데 왜 좋지 않은 결과로 이어진 것인지 생각해보았다. 이유는 크게 세 가지였다.

첫째, 아이들은 내가 가르치는 스타일에 적응되어 있지 않은 상태였다

기존에 가르치던 반이 아니었음에도 불구하고 아이들에게 기존의 내 스타일만 강요했다. 예를 들어 수영에 등록하였다 생각해보자. 당신은 3~4년간 다른 코치에게 수영을 배워왔다. 하지만 새로 등록한 수영장의 코치는 나에게 계속 핀잔을 준다. "팔은 좀 더 앞으로 내밀고요, 몸통을 너무 들어 올리지 마세요." 핀잔이 계속되자 당신은 조금씩 짜증이 나기 시작했다. '나는 분명 3년 동안 수영을 배운 사람인데…….'

　수영을 하는 자세와 폼은 강사들마다 천차만별이다. 새로 당신을 가르치는 강사에게는 그저 뭔가 폼만 잡는 학생으로 보였을 것이다. 공부도 마찬가지다. 계속 가르치던 학생이 아니라면 그 학생은 이미 다른 강사에 맞춰졌을 심산이 크다. 그렇기에 먼저 가르친 강사의 스타일을 물어보고 시험대비에 이용했어야만 했다. 하지만 그 당시의 나는 그것을 고려하지 않았다. 그런 상태에서 내 스타일대로 강의를 했으니 시험 전 아이들이 잘 따라올 리 만무했다.

둘째, 학생들을 너무 과대평가했다

　학생들이 아무리 잘한다 해도 학생들일 뿐이다. 강사가 아는 것이 제일 많다는 진리를 확인해라. 그리고 가르치는 입장에서 나의 지식을 최대한 쉽게 설명하려 노력해야 한다. 잘하는 학생이니까 괜찮겠지라는 생각을 하고 어려운 개념을 그대로 수업을 해버렸다. 이것은 미국에 살고 있는 원어민이 우리나라에 와서 공부를 잘한다는 학생들에게 아무런 설명 없이 원서를 읽어주는 행위와 별반 다를 바 없는 행동이었다. 학원 강사라면 항상 학생의 수준을 파악하고 그 수준에 맞추어 맞춤형 수업을 진행해야 한다. 그리고 학생들을 과대평가하지 마라. 그들보다 당신의 실력이 훨씬 더 뛰어나다는 사실을 잊지 말아야 한다.

셋째, 시험 3주 전이라는 상황을 제대로 인지하지 못했다

시험 3주 전은 아이들이 각자 자신의 공부를 정리하고 질문하는 시간들이 주가 되어야 한다. 그전까지 배운 내용들에 대해 복습하고 스스로 정리해보는 시간이 시험 전에 꼭 필요하기 때문이다. 하지만 많은 강사들이 이러한 점을 간과한다. 시험이 얼마 남지 않은 학생들에게 더 어려운 내용을 가르치는 것은 이미 배가 불러 더 먹을 수 없는 상태에서 소화도 시키지 않고 음식을 꾸역꾸역 밀어 넣는 것과 같다. 그들에게 소화할 시간을 주고 개별적으로 부족한 부분들을 체크했어야 했다.

이제는 잘 가르친다는 것의 의미가 무엇인지 확실히 알고 있다. 잘 가르친다는 강사가 주체가 되는 가르침이 되어서는 절대로 안 된다. 그렇다고 학생들이 생각했을 때 '저 강사 잘 가르친다!'라는 말을 듣는 것뿐이라면 그 또한 잘 가르친다고 할 수 없다. 암만 텔레비전에서 시청자들이 '저 선수가 공 잘 찬다'라고 이야기해봤자 그 사람이 축구를 잘할 수 있는 것은 아니지 않는가. 잘하는 것과 잘 가르치는 것은 엄연한 차이가 있다.

그렇다면 '잘 가르친다'라는 것은 무엇일까? 지금까지 많은 사람들이 강사는 혼자 맛있게 조리해서 내어 주는 '요리사'라고 생각해왔다. 하지만 강사는 요리사를 육성하는 코치가 되어야 한다. 학생 스스로 그 음식을 맛있게 조리해서 먹게끔 만들어주는 것까지가 잘 가르친다가 되어야 한다.

학생들은 시험을 결국 스스로 봐야 한다. 그들 스스로 공부할 수 있게 끔 도와주고 동기부여 해주는 것, 그럼으로 인해 그들이 스스로의 목표를 찾고 나아갈 수 있게 도와주는 것이 강사가 학생들에게 해야 하는 가장 중요한 역할일 것이다.

06

강사는 가르치는 것 이상으로
소통하는 사람이다

꽃이 예뻐 보이는 이유는 내 안에 꽃이 있기 때문이다.

소통 전도사로 유명한 〈김창옥 휴먼컴퍼니 대표〉 김창옥 교수의 말이다. 이 말에는 소통을 함에 있어서 무엇이 중요한지에 대한 의미가 내포되어 있다. 첫째는 나의 내면의 꽃을 찾아내 나를 사랑할 수 있는가이고 둘째는 남들의 내면에 있는 꽃을 보고 그들의 꽃을 존중할 수 있는가이다. 나를 인정할 줄 아는 것과 남을 인정할 줄 아는 것이 서로 소통의 꽃을 아름답게 피울 수 있는 가장 중요한 요소라는 것이다.

학원강사에게도 소통이란 매우 중요한 요소 중 하나이다. 강사에게 소통이란 학생 간의 소통, 학부모 간의 소통, 강사 간의 소통 이 세 가지 소통을 이야기한다. 이 세 가지 소통을 잘하는 것이 성공 강사가 되는 필수 조건이라 할 만큼 무조건적으로 갖추어야 하는 소양이라 여겨지고 있다.

처음부터 학원강사가 소통과 밀접한 연관이 있었던 것은 아니었다. 과거의 학원강사는 철저하게 주입식, 단방향성의 소통만을 해왔다. 가르치는 실력이 좋으면 많은 학생들이 몰렸고, 강사는 개개의 학생을 신경 쓰지 않고도 단지 강의만 잘하면 인정받을 수 있었다.

하지만 이제는 시대가 바뀌고 강의에서 관리로 변화가 이루어지고 있다. 현재 학원의 구성만 보아도 이를 짐작할 수 있다. 과거에는 대형학원이 주가 되어 많은 학생들을 쥐고 있었다면, 지금은 대형학원들은 무너지고 작은 관리형 학원들이 강세를 이루고 있다.

또한 학생을 개별적으로 케어해 주는 공부방이 학원을 위협할 만큼 크게 성행하고 있다. 재수를 하려면 재수종합반에 들어가야 한다는 공식도 깨진 지 오래다. 아직까지는 재수를 하기 위해 대성이나 중앙 재수종합반에 들어가는 경우가 많지만 독학재수학원이란 곳으로 공부하러 가는 재수생들이 몇 년 사이에 크게 증가했다. 독학재수학원은 말 그대로 혼자 공부하는 학생들을 관리해주는 학원이다. 학원에서 강의는 일절 하지 않는다. 그곳은 100% 관리로만 이루어지며, 강의가 필요할 시에는 학생 개개인이 인터넷 강의를 통해 필요한 강의를 시청하는 형식이다.

나 또한 지금은 소통의 필요성을 누구보다 잘 알고 있다. 하지만 이 소통의 중요성을 잘 알지 못해 힘들었던 기억이 있다. 당시 나는 고1 학생들을 맡아 수업하고 있었다. 맡은 반의 학생들은 수준이 들쑥날쑥했다. 다른 반에서 조건이나 상황이 되지 않은 학생들이 모이던 반이었기에 말 그대로 오합지졸의 모임이었다.

　그때의 나는 그러한 상황들을 잘 파악하지 못했다. 그저 실수하지 않고 필요한 진도에 대해 수업을 잘 마치는 것에 초점을 뒀을 뿐이었다. 그것을 모르는 상태에서 나는 열심히 수업을 했다. 시험을 보기 이주 전쯤, 아이들을 대상으로 테스트를 보았다. 결과는 매우 충격적이었다. 대부분의 아이들의 성적이 바닥이었던 것이다. 이 심각한 상황을 시험을 한 주 남기고야 알게 되었고, 결국 대부분의 아이는 그 시험을 망칠 수밖에 없었다. 이는 바로 퇴원으로 이루어졌으며, 내가 가르쳤던 반은 한마디로 박살이 나 버렸다.

　지금은 소통의 힘을 이용하여 아이들과 학부모를 단단히 붙잡고 있다. 소통을 잘하게 되면 학부모들의 신뢰를 얻을 뿐만 아니라 수업 분위기에도 큰 영향을 미친다. 혹시 당신의 수업시간에 많은 아이들이 졸고 있는가? 만약 졸고 있다면 아이들과의 소통이 잘 이루어지지 않았을 가능성이 높다. 수업에서의 소통이 잘 이루어지면 자연스레 수업 분위기가 형성되며 아이들의 수업 참여도 또한 높아진다. 소극적이었던 학생도 점차 적극적으로 바뀌고 아이들끼리도 서로 친해져서 반의 긍정적인 분위기를 형성하는 데 큰 도움이 된다.

　이러한 장점을 잘 알고 있기에 요즘은 간단한 게임을 통해 분위기를 환기시키고 아이들끼리의 친밀도를 높이는 방법을 사용한다. 수학 강의라고 재미없으라는 법은 없다. 윷놀이를 하거나 시한폭탄게임, 빙고게임 등을 활용하여 수업시간에 수학에 관련된 문제를 풀면서 동시에 재미까지 얻을 수 있는 일석이조의 효과를 얻는다.

학부모 간의 소통도 빼먹을 수 없다. 초창기 학부모의 소통을 연구하며 여러 가지 시도들을 해보았다. 매일 문자도 보내보고, 10일에 한번씩 전화를 드리기도 했다. 한창 부모와의 소통에 빠져 있을 때는 아이들의 성적, 출석, 과제, 성실도, 참여도라는 5가지 수치를 이용하여 그래프를 작성해 직접 보내드리기도 했다. 하지만 시간과 노력이 너무 많이 든다는 문제가 있었다. 수업 준비에 학생들 숙제검사, 학부모와의 소통까지 하려니 새벽에 퇴근하는 것이 일과였다.

대부분의 강사들은 이러한 귀찮음 때문에 학부모와의 소통을 최소화해버린다. 하지만 소통의 비율이 적으면 분명 문제가 생길 수밖에 없다. 나는 어떻게 하면 시간을 최소로 쓰면서 학부모들과 최적의 소통을 할 수 있을까라는 고민을 하게 되었다. 그렇게 많은 시행착오를 거쳐 적은 시간으로도 효율적인 소통을 할 수 있는 방법을 찾게 되었다. 학부모와의 소통의 시간은 배 이상으로 줄어들면서 효율은 상승하였다. 이 방법은 뒤에서 좀 더 자세히 설명하도록 하겠다.

강사들 간의 소통은 내가 가장 소홀했던 소통 중 하나였던 것 같다. 지금까지 만나왔던 강사들은 대부분 부정적인 이미지의 강사들이 많았다. 이들은 항상 현재의 상황을 부정적으로 인식했으며 원장이나 다른 강사의 험담을 주로 했다. 물론 〈수리학당〉에서 만난 강사들은 대부분 좋은 강사들이었다. 하지만 잦은 술자리는 별로 내키지 않았고, 자주 참석하지 못하자 점점 그들과의 거리가 멀어진 것 같다.

강사들 간의 소통에 관해서는 이렇게 이야기하고 싶다. 긍정적인 마인드를 지닌 강사들, 그리고 성공마인드를 가진 강사들과 소통해야 한다. 그들은 당신을 더 긍정적으로 그리고 더 에너지틱하게 만들어줄 것이다. 부정적인 마인드를 가진 사람들을 멀리하자. 그들은 당신을 힘 빠지고 지치게 만들 것이다. 성공하기 위해 필요한 것은 힘들고 지칠 때 나의 스트레스를 욕설과 험담으로 풀어놓는 술자리가 아닌 긍정과 희망으로 가득 채워줄 수 있는 사람들이 가득한 자리이다. 내가 운영하는 〈1등 학원강사연구소〉에서 긍정적인 기운을 가지고 있는 강사들과 함께한다면 분명 이러한 좋은 기운을 받을 수 있을 것이라 확신한다.

정리하지면 이렇다. 성공적인 강사가 되기 위해서는 소통을 정복해야한다. 그 소통은 세 가지이다. 학부모와의 소통, 학생과의 소통, 강사들간의 소통이다. 학부모와의 소통은 적은 시간을 들여 최대한 효율적인 소통을 통해 학생의 상태를 알리고, 현재 개별 상황이 어떠한지를 전달해야만 한다. 이는 학생의 등·퇴원에 있어서 가장 중요한 소통이다. 학부모가 학원비를 결제하는 주체이기 때문이다. 학생과의 소통은 학생 개개인의 상태를 파악하고 그들의 개별적인 상태와 이해 정도에 대해 체크하고 관리해야 함을 뜻한다. 이는 학생들의 성적과 직접적으로 연결된다. 만약 이 소통이 제대로 이루어지지 않으면 강사는 혼자만 강의를 하고 학생이 이를 제대로 소화했는지 안 했는지의 여부를 알 수 없게 된다. 이는 학부모와의 소통 오류를 가져오고 결국 퇴원으로까지 이어지는 결과를 만들어 낸다.

　마지막으로 강사와의 소통은 과거가 아닌 미래를 위한 소통이 되어야 한다. 과거의 험담을 늘어놓고 현재 신세를 한탄하는 강사들을 멀리해라. 대신 미래지향적이고 적극적이며 긍정적인 강사들과 함께해야 한다. 전자와의 소통은 강사를 더 피곤하고 기운이 빠지게 만들지만 후자와의 소통은 활력을 주고 여러 가지 진취적인 도전과 일을 할 수 있게끔 도와준다. 이 세 가지 소통을 능수능란하게 하게 되었을 때, 이미 그 강사는 억대연봉을 받는 강사로 우뚝 서있을 것이다.

나의 DREAM LIST

번호	목표	목표를 이루기 위해 필요한 것들	목표 기한	중요 도	달성 여부	달성 년도
1	이투스 인강강사로 채용되기	매주 최소 한 편씩 동영상 강의 촬영&업로드 나만의 교재 만들기 (연동) 인강 사이트에 지원서 제출하기	2020			
2	나만의 교재 만들기 (미적2, 확률과 통계)	고3 진도 내용에 맞추어 자료 제작 교재 재료가 되는 자료 지속적으로 확보(인터넷)	2018			
3	내가 맡은 학생수 50명 만들기	5개 반을 운영하며 평균 10명의 수강생 확보 서포트 할 대학생 알바생 뽑기(올해 고3)	2018			
4	학생들의 드림멘토 되기	꿈과 관련된 서적 읽기 블로그에 꿈에 대한 글 매주 한 편씩 게시	지속			
5	1년에 한 번 해외여행가기	여행을 갈 수 있는 여건을 만들기 일과 여가를 분리하기	지속			
6	한달 최소 4권이상 책읽기	매주 책을 선정하여 책 읽기	지속			
7	벤츠 e-class 쿠페 구입하기	내년 학생수 50명 목표달성 시 저축목표 달성 시	2018			
8	매달 최소 200만원이상 저축하기 (저축목표)	돈을 쓸 때 다시 한 번생각해보기(소비효율화) 하고 있는 일 열심히 하여 급여올리기	지속			
9	네이버에 내 이름으로 검색이 되는 사람이 되기	블로그 매일 하나씩 포스팅 작성 나의 책을 집필 OR 나의 강의적 성과를 UP!	2019			
10	사람들에게 꿈과 희망을 전해주는 최고의 강연자 되기	현재 위치(수학강사로서)에서 성공하기 책 집필하기 / 다양한 책을 접하기	2027			
11	2번째 저서 집필하기	매일 책을 읽고 필요한 소재 수집하기 꼭지 과외, 다양한 경험 누적시키기	2019			
12	가족끼리 해외여행 가기	시간을 만들어 여행 가기	2018			
13	행복한 가정 꾸리기	사랑하는 사람과 결혼하기 아이 2명 이상 낳아 잘 기르기	지속			
14	내이름의 빌딩 세우기	부동산 공부하기 (강연, 책 읽기) 자산 늘리기	2030			
15	연봉 10억 강사가 되기	강의 시스템 구축가능한 회사 설립 -God Dream ET Math 인강 강사로 입지 잡기 (1타 인강강사로 성장)	2023			

번호	목표	목표를 이루기 위해 필요한 것들	목표 기한	중요 도	달성 여부	달성 년도
16	ET장학재단 설립	자본금 모으기 불우 학생 무상 교육 봉사 실시	지속			
17	최강 강사코치로 성공하기	강사코치협회 활동하기 강사코치 관련 저서 쓰기	2018			
18	세자리수 강연가 되기	강연 관련 자료 수집 꾸준한 블로그 홍보 책을 통해 나의 가치 올리기	2020			
19	억대연봉 강사 10명 육성하기	카페를 활성화하여 강사 유입하기 강사들과 다양한 소통의 장 만들기	2020			
20	몸짱 만들기	매주 헬스 PT를 끊어서 꾸준히 다니기	2018			
21	내 서재 만들기	집에 공간을 확보해 서재 꾸미기	2018			
22	공영 방송에 출연하기	장인어른에게 푸쉬 나의 모든 가능성을 어필하기	2018			
23	10만뷰 유튜버 되기	유튜브를 꾸준히 활용해서 올리기 아이디어를 생각해서 실행에 옮김	2018			
24	내가 운영하는 카페를 나무로 만들기	꾸준한 카페 활동으로 카페 활성화하기	2019			
25	뛰어난 동기부여가 되기	꾸준한 동기부여 카페활동 강연자료, 꿈과 관련된 내용들을 수집하기	2018			
26	꿈에 대해 300명 이상의 사람들에게 강연하기	꿈에 대한 전문가 되기(책 집필) 유명한 강사이자 동기부여가가 되기	2020			
27	학부모를 대상으로 설명회 주최하기	팜플렛 만들기 학부모 대상 설명회 계획 짜기	2018			
28	ET Math Company 설립	온라인 강사 (지속적으로) 지원하기 컨텐츠 자료를 만드는 팀 꾸리기 나의 수학 교재 집필하기	2019			
29	부모님 해외여행 보내드리기	매달 돈 모으기 (꾸준히 30만원) 계획을 세워 보내드리기	2018			
30	코칭 월급 연 1억 달성	매달 10명 이상씩 컨설팅 목표 및 강의 방향 설정해주기(강의스킬)	2019			

246페이지에 〈직접 써보는 나의 DREAM LIST〉가 있습니다.
나만의 꿈을 직접 디자인 해보세요!

성공하는
강사의 비결은
따로 있다

내 수업은 왜
항상 똑같을까?

'강의 경력이 오래되면 강의력이 좋아진다'라는 말이 있다. 나는 그 생각에 동의하지 않는다. 강의 경력보다 더 중요한 것은 그 강사의 변하지 않는 도전 의식과 열정 그리고 노력이다. 아무리 강의 경력이 오래 되었어도 익숙함에 취해 예전에 했던 수업 그대로만을 추구한다면 그 강의는 막 강사가 된 1년 차 강사보다 못한 강의가 될지도 모르는 일이다.

상담을 받기 위해 오는 많은 강사들은 대부분 젊거나 강사를 시작한 지 얼마 되지 않은 강사들이다. 그들은 새로운 것을 추구하고 변화에 두려워하지 않는다. 때문에 내가 무언가 새로운 사실들을 가르쳐 주고 변화를 요구했을 때 빠르게 받아들인다. 그들의 변화는 그 누구보다 빠르게 결과물을 창출해낸다.

얼마 전에 나에게 상담을 받았던 수원의 H 강사는 대기업을 퇴사한 뒤 강사를 하고 싶다는 열정으로 나에게 찾아왔다. 처음이라 많은 부분들을 모르고 있었지만 그의 열정은 어느 누구도 따라올 수 없을 만큼 컸다. 그의 강의 경력은 6개월도 채 되지 않았다. 그렇게 강의 스킬과 관리법 등을 배워간 그는 단 1년 만에 억대연봉 강사로 성장했다. 퇴사 후 1년 만의 일이었다. 그는 단 하나의 말도 놓치지 않고 전부 실행에 옮겼다. 내가 이야기한 작은 부분까지 지속적으로 물어보고 피드백을 받으려 했다. 그 결과 내가 아는 그 어떤 강사보다 빠르게 성공했다.

반면 나에게 상담을 받으러 온 15년 경력의 한 강사가 있었다. 그는 자신의 스타일에 큰 자신감을 보였다. 다만 왜 학생들이 모이지 않는지 이유를 알고 싶어서 컨설팅을 신청했다고 했다. 그의 문제는 명확했다. 수업 준비를 하지 않는다는 점이었다. 이러한 문제를 짚어내고 바꾸어야 할 점들을 조언했다. 하지만 그는 나에게 이렇게 반문했다.

"저는 그래도 그쪽보다 10년은 더 수업한 경력이 있어서 수업 준비는 안 해도 상관없어요."

이런 반응일 거면 왜 굳이 컨설팅을 받는지 이해가 되지 않았다.

10년 이상의 경력을 가진 강사들은 어느 정도의 노하우와 지식들이 쌓여있기 마련이다. 그렇기에 따로 수업 준비를 안 해도 된다고 생각하는 경향이 있다. 하지만 이는 대단히 큰 착각이다. 수업은 시간이 지남에 따라 바뀌어야 한다. 그렇지 않다면 온라인상에 올라오는 인터넷 강의는 가장 잘 찍은 동일한 강의가 바뀌지 않고 그대로 올라올 것이다. 하지만 매년 강사들은 올해의 강의로 리뉴얼해 강의를 새로 찍는다. 왜 이런 수고를 할까 조금만이라도 생각해보자.

결코 완벽한 강의란 없다. 똑같은 강의를 하는 강사들은 대부분 자신의 강의가 완벽하다 생각한다. 작년에 완벽했던 강의도 올해가 되어서는 완벽하지 않을 수 있다. A라는 학생에게 완벽한 수업일지라도 B라는 학생에게는 완벽한 수업이 아닐지도 모른다. 결국 이런 차이를 감별해내는 것이 강사의 역할이다.

나의 경우 수업이 있기 일주일 전부터 수업에 대해 점검한다. 전에 썼던 자료나 수업들을 참고해서 어떻게 수업에 활용할지 결정한다. 중요하게 생각하는 개념이 무엇인지 다시 잡고 그 개념에 맞는 문제들을 정리하여 PPT 자료를 제작한다. 수업 전날에는 마지막으로 그 수업에 대한 구체적인 예시와 수업방향, 그리고 구성에 대해 결정한다. 이때, 테스트를 볼 자료나 수업자료에 쓸 문제에 대한 내용은 이미 파악이 되 있어야 한다.

이렇게 준비된 수업은 아이들의 분위기나 그날 컨디션에 따라 바뀔 수 있다. 학생들이 그 전날 수행평가가 많아 매우 피곤한 상태였다고 하

자. 그랬을 때 준비해온 것들이 아까워서 그냥 수업을 진행한다면 그 수업은 B급 수업이다. 기본적인 틀을 따라가려 하되, 학생들의 상태에 따라 수업의 양과 동기부여 및 쉬는 시간 등을 적당히 조절해야 한다. 또 어떤 날의 경우 아이들이 컨디션이 좋아 공부가 잘 되는 날이 있다. 이때는 조금 힘들더라도 수업을 강행할 필요가 있다. 결국 계획을 세우되 그때그때의 상황에 맞추어 조정해야 하는 것이 중요하다.

작년에 썼던 자료를 다시 쓸 때에는 그 자료를 올해에 맞게 재수정하여 사용하고 있다. 그 자료를 사용하고 난 뒤에는 자료에 대한 피드백을 파일에 달아 놓는 편이다. 이렇게 하면 후에 자료를 쓸 때 업그레이드하여 더 나은 형태로 사용이 가능하기 때문이다.

이 경우 나에게 이렇게 반문할지도 모른다.

"도대체 수업도 많은데 이 모든 것을 다 준비할 시간이 어디 있나요? 수업이 적거나 다른 일이 없다면 모를까, 항상 그렇게 하지는 못할 것 같은데…"

결론부터 말하자면 시간이 없는 것이 맞다. 모든 수업에 대한 수업 준비를 나 혼자 다 할 필요는 없다. 반복적이고 내가 필요 없는 단순한 수업 준비는 아웃소싱outsourcing해야 한다. 그리고 남는 시간은 아이들의 수업이 좀 더 알차게끔 꾸미는 등 효율적으로 사용해보자. 나의 경우도 단순한 타이핑 작업이나 PPT제작, 일정관리 등은 아르바이트에게 시키는 편이다. 시간을 최대한 효율적으로 사용해야 한다. 어떻게 하면 수업을 최대한 좋게끔 만들 수 있을지에 집중하자. 그렇게 한다면 바빠서 수업 준비를 하지 못했다는 이야기가 나오지 않을 것이다.

베스트셀러 작가인 롭 무어Rob Moore는 자신의 책 《레버리지》에서 이렇게 이야기한다.

'레버리지'는 당신의 시간을 가장 크고 지속적인 부를 창조하는 데 사용하고, 당신이 할 수 없거나 하기 싫지만 성취하기 위해 해야만 하는 시간 낭비를 근절하는 시스템이다.

이는 근본적으로 아웃소싱과 맥락이 같다. 우리는 효율적인 가치를 창출하는 데 있어서 이 시스템을 잘 이용해야 한다. 그것이 억대연봉 강사의 수업이 새롭고 가치 있게 만들어주는 황금열쇠라 할 수 있다.

강의는 항상 업그레이드되어야 한다. 변하지 않은 강의는 죽은 강의이다. 강사는 항상 자료를 수집하고 재가공해야 한다. 어떻게 학생들에게 강의를 효과적으로 전달할지 연구하고 생각하자. 이 과정은 많은 시간과 노력이 들어갈 수 있다. 이를 혼자 하기보다는 아웃소싱을 통해 단순작업은 고용인에게 시킬 수 있어야 한다. 항상 나의 1시간이 소중한 시간임을 인지하자. 마찬가지로 학생의 1시간 또한 매우 소중한 시간임을 자각하자. 그런다면 똑같은 수업을 하는 일은 더 이상 없으리라.

02

성공하는 강사의
비결은 따로 있다

하루는 늦게까지 술을 먹었던 적이 있었다. 아이들이 시험이 끝나자 우루루 퇴원해 버리는 바람에 어떻게 해야 할지 막막했기 때문이다. 원장님은 학원에 들어온 지 오래 되었는데도 학생들 하나 관리 못하냐며 나를 불러 세워놓고 30분가량 훈계했다. 나와 술을 마셨던 강사도 상황이 좋지 않아서 같이 욕을 한바탕 하며 술을 마셨다. 그리고 나니 한결 기분이 좋아지는 것 같았다. 다음날 시계를 보니 벌써 오후 한 시다. 슬슬 일어나 씻고 어제 못 본 드라마나 보다가 수업에 가 봐야겠다고 생각하며 몸을 일으켰다.

이 이야기가 남의 이야기가 아니라면 한번 깊게 생각해보아야 한다. 지금 이대로 괜찮은 것인지 말이다. 성공한 강사가 되는 데는 분명 특별한 비결이 있다. 하지만 그보나 더 중요한 것은 기본을 하는 것이다. 강사로서 성공하기 위한 차선에 올라타기 위해서는 지금까지 가지고 있었던 습관들을 던져버려야 한다. 99%의 실패하는 강사들을 따라 할 것이 아니라 1% 성공하는 강사들의 습관을 파악하고 그 습관을 체득해야 한다. 이것이 성공하기 위한 가장 기본적인 준비 단계이다.

처음 강사생활을 시작했을 때는 정말 치열하게 준비했던 기억이 난다. 그때는 치열함 속에서도 무언가 생각하는 대로 잘되지 않아 속상했던 적이 많았다. 처음 학원에 왔을 당시 나는 아직 대학교를 졸업하지 못한 상태로 학원에 다녀야 했다. 좋게 이야기하면 졸업하기 전에 취직한 것이지만, 낮에는 학교에서 수업을 듣고 밤에 학원에 와서 수업을 하는 일은 쉽지 않았다. 더욱이 초보강사였던 나는 해야 할 일이 너무나도 많았다. 그날 수업이 있으면 수업 내용에 대한 책을 보면서 문제를 풀고, 강의 준비를 위해 필요하다면 그 내용과 관련된 인터넷 강의도 수강했다. 그랬음에도 수업에만 나가면 알고 있었던 것들이 지우개로 깨끗하게 지워진 것처럼 버벅거리기 일쑤였다. 그때 흘린 땀을 다 모은다면 지금 수업하고 있는 강의실을 가득 채우고도 남을 것이다.

힘든 것은 이뿐만이 아니었다. 다음날 수업이 있음에도 밤늦게까지 남아 교재를 직접 만들거나 연습장을 만드는 일로 퇴근시간이 늦어졌다. 학생들이 쓰는 연습장에 학원의 로고를 박아 제작하는 것을 원칙으로 했기에 그 제작은 선생님들의 몫이었다. 가장 막내면서 가장 경력이 적었던 나는 같이 들어왔던 강사와 함께 교재와 연습장을 만드는 것이 수업이 끝난 후의 일과였다. 그렇게 일이 끝난 후 집에 들어가면 얼마나 피곤했는지 바로 곯아떨어졌다.

이렇게 학교를 다니면서 학원에 나가는 이중생활이 계속 이어졌지만 마음만은 즐거웠다. 내가 하고 싶은 일들을 하고 있었기 때문이다. 물론 일을 하고 난 뒤에는 전공이었던 생명과학에 대한 공부에는 소홀해질 수밖에 없었다. 간신히 졸업하기는 했지만 그때는 처음 학원 일을 하며 학교를 다녔던 내가 대견스러웠다. 그만큼 학원강사를 해야겠다는 마음 이 확고해서였을 것이다. 어린 나에게 학원이란 곳은 나의 성공과 꿈을 이루어지는 공간이었다. 그랬기에 힘든 와중에도 최선을 다했고 바보같 이 노력했다.

하지만 주변 학원강사들을 보면 항상 기운이 빠져있는 듯이 보였다. 어딘가 의욕이 없고, 수업에 대한 열정보다는 수업 후 마시는 술 한잔을 위해 하루하루를 버텨가는 듯했다. 가끔씩 참석하는 술자리가 나쁘지만 은 않았지만 그때마다 이런 생각들이 내 머릿속을 맴돌았다.

'이렇게 해서 내가 원하던 성공을 이룰 수 있을까?'

잘되지 않는 강사들은 공통점이 있었다. 바로 패배의식에 사로잡혀 있는 강사들이라는 사실이었다. 고시나 다른 공부를 하다가 잘되지 않 아 학원강사를 시작했다거나 학원 사업을 하다가 잘되지 않아서 오신 강사들이 주로 그러한 듯했다. 물론 강사들 중에는 철저하게 자기관리를 하고 하루하루를 열심히 사는 강사들도 있었다. 그럼에도 5년 후 혹은 10년 후 이러한 모습이 되기 위해 학원에 온 것일까라는 생각이 들었을 때, 나는 술자리에 잘 어울리지 않게 된 것 같다. 술자리에 잘 참석하지 않게 되면서 자기계발에 힘쓰게 되었다. 그리고 여러 가지 수업에 대한 시도를 많이 하려 노력했다. 자체교재 제작을 위해 밤을 새보기도 하고, 문제를 개발하여 학생들에게 풀 시험지를 만들기도 했다. 어떻게 하면 재미있는 수업을 만들 수 있을지에 대해서도 다양하게 고민했다.

지금은 강사 중에서 가장 나이가 어림에도 많은 학생들을 가르치고 이과 고3을 담당하는 대표강사로 자리 잡았다. 물론 학원의 시스템이나 상황으로 인해 내가 원했던 결과를 얻기까지 많은 힘든 과정들이 있었다. 하지만 지금의 나는 만족스러운 목표를 달성하고 새로운 장소로 비상하기 위해 한 해 한 해를 무사히 마무리하는 중이다.

성공한 강사가 되기 위해서는 포기하지 않는 끈기가 필요하다. 나는 5년 중 3년가량 기본급을 받는 강사로 활동해왔다. 그렇다고 노력을 하지 않은 것은 아니다. 끊임없는 자기계발에 소홀하지 않고 나태해지지 않기 위해 스스로를 채찍질 했다. 남들보다 2~3배는 더 일하면서 같거나 더 적은 월급을 받아도 포기하지 않았다. 월급을 적게 받더라도 실력은 커지고 있음을 잘 알기 때문이었다.

만약 내가 학원강사에 대한 꿈과 목적성이 없었다면 진작 이 일을 포기했을지도 모른다. 부모님이 원했던 대로 의대를 진학하거나 대학원에 가서 교수가 되는 길을 모색했을지도 모른다. 하지만 나는 포기하지 않았다. 내가 선택했던 길이였고 성공할 수 있다는 확신이 있었기에 가능했던 일이다.

주변을 둘러보라. 많은 강사들이 내가 목표했던 삶을 살고 있는가? 아마 그렇지 않을 것이다. 주변을 보기보다 나의 미래를 보아라. 성공하는 내 모습을 떠올려라. 성공하는 강사의 표본은 다름 아닌 나 자신의 미래이다.

03

나는 무엇을
놓치고 있을까 자문하라

당신이 지금 100km로 달리는 차 안에 있다고 가정해보자. 차 안에서 바라보는 풍경은 빠르게 바뀐다. 이런 풍경을 보며 당신은 '풍경이 정말로 아름답네!'라고 생각할 수 있다. 하지만 지나왔던 그 길을 실제로 걸어본다면 차안에서 볼 수 없었던 새로운 것들을 경험할 수 있다. 밭에서 일하고 있는 농부의 땀방울, 비 온 뒤 흐르는 개천의 울음소리 또는 길가에서 마주치는 사람들의 대화 등 실제로 걸어야 겪을 수 있는 경험들이다. 만약 당신이 빠르게만을 추구하며 달리는 차 안에만 있었다면 그 안에서 보는 풍경이 전부인 줄만 알 것이다.

실제로 강사 일을 하면 이런 일들은 비일비재하게 일어난다. 빠르게만 가려고 하다가 디테일한 부분들을 놓치게 되는 경우가 허다하다. 이러한 경우 자신의 문제가 무엇인지 모른 채로 문제를 안고 가다가 학원 강사에 회의감을 느끼는 경우를 많이 보았다. 이와 관련된 몇 가지 사례를 소개해보고자 한다.

얼마 전 수원에서 나에게 상담을 받았던 영어 강사가 있었다. 그 강사는 수원에서 어학원에서 일을 하고 있었다. 스펙은 나쁘지 않지만 결정적으로 학생이 일정 수 이상 올라가지 않아 노력하는 것에 비해 현저하게 낮은 월급을 받고 있었다. 그 강사는 나에게 이렇게 상담해 왔다.

> *"지금 하고 있는 일이 적성에 맞습니다. 그런데 너무 노력하는 것에 비해 돈을 못 벌어서 계속 이 일을 해야 하는 건지 의문이 들어요. 저는 분명 열심히 노력하고 있는데 왜 학생 수가 늘지 않을까요?"*

상담 전 그 강사가 수업을 하는 여러 상황을 보았을 때 분명 올바른 방향으로 수업을 진행하고 있었다. 또한 수업 준비와 자료 준비에도 소홀히 하지 않았다. 하지만 학생들은 수업을 첫 달만 수강한 이후 두 번째 달에는 재수강을 하지 않았다. 그 이유가 무엇인지 분석하기 위해 나는 그녀의 수업 내용을 좀 더 꼼꼼히 살펴보았다.

사실 나도 고등학교 때 영어를 좋아하지 않았다. 입시로 인해 어쩔 수 없이 공부하기는 했지만 적성에 맞지 않는다는 생각 때문인지 계속 성적은 오르지 않았다. 이런 생각은 선생님의 영향이 컸다. 나를 가르쳤던 영어강사는 수업시간에 항상 왜 그런 것도 모르냐는 식으로 모욕감을 주었다. 그때마다 영어는 나에게 맞지 않는다고 느꼈다. 강사의 이러한 말은 영어공부에 손대지 못하고 자신감을 상실하는 데 큰 역할을 한 것이다. 이러한 경험이 있어서인지 그 강사의 학생이 왜 늘지 않는지 바로 캐치해낼 수 있었다.

문제는 바로 학생들의 자존심을 무너뜨리는 데 있었다. 워낙 영어에 재능이 타고났을 뿐만 아니라 영어에 대한 어려움을 따로 갖지 못하고 지금까지 왔던 강사는 영어에 대한 자부심이 뛰어났다. 따로 영어공부를 하지 않아도 토익점수가 만점이 나올 만큼 실력이었다. 하지만 학원에 오는 대부분의 학생들은 그렇지 않다는 것을 자각하지 못했다. 학생들이 어떤 내용을 모르는 건지 이해하지 못하고 수업한 내용을 학생들이 모두 이해할 거라 생각했던 것이다. 결국 한두 번의 수업에서 "왜 이런 것도 몰라요? 저번 시간에 설명해 줬잖아요!"라는 이야기를 해버렸다. 그 이후 다른 학생들은 궁금한 것이 있을 때에도 질문을 못 하고 수업을 진행하였다. 그러다 보니 강사는 학생들이 수업을 잘 이해한 것으로 받아들여 문제가 생긴 것이다.

처음 학원에서 수업을 진행하였을 때도 비슷한 문제가 있었다. 영문을 모른 채 학생들이 자꾸만 퇴원하는 것이었다. 더욱 답답한 것은 학부모에게 이야기해도 항상 같은 대답만 들려왔다.

"선생님의 수업은 좋은데 아이가 힘들어해서요. 조금 방향을 바꾸어 보려
고요."

그 뒤에도 이와 비슷한 일들이 몇 번 더 발생했다. 하지만 학부모나 학
생들은 나에게 왜 퇴원하는지 이유를 이야기해주지 않았다.

만약 여기에서 그냥 지나쳤다면 나에게 무슨 문제가 있었는지 파악하
지 못하고 넘어갔을 것이다. 하지만 나는 집요하게 물고 늘어졌다. 퇴원
한 학생들을 적고 그 학생들이 어떠한 특성이 있었는지, 또 퇴원하기 전
에 어떠한 징후가 있었는지를 살폈다. 그러자 그들에게서 한 가지 공통
점을 찾을 수 있었다. 바로 학원 내에 친구들이 없는 학생들이었던 점이
었다. 친구가 있는 학생들은 쉬는 시간이나 점심시간에 끼리끼리 모여
밥을 먹거나 수다를 떨곤 했다. 하지만 이러한 자리에 끼지 못하는 학생
들이 점심시간이나 쉬는 시간에 소외된 느낌을 받아 퇴원을 한다는 것
을 알게 되었다.

이 사실을 알게 된 나는 바로 행동으로 옮겼다. 반 아이들끼리의 단합
을 도모할 수 있는 이벤트를 주최한 것이다. 친하지 않은 몇몇의 학생들
을 묶어서 팀을 구성하고 팀별 대항 게임을 진행했다. 물론 게임은 배웠
던 수학 개념을 이용한 내용을 주로 하였다. 그러자 학생들끼리 말을 트
기 시작했다. 결과는 대성공이었다. 자연스레 반 아이들끼리 친해지자
이유를 알지 못했던 퇴원이 사라졌다. 반 분위기가 좋아져 신규 학생들
이 늘어난 것은 보너스였다. 왜 학생들이 퇴원하는지 꼼꼼하게 분석하고

그 문제를 해결하자 그 즉시 결과로 이어지게 된 것이다.

　　강사를 해오면서 참 많은 일들이 있었다. 강사로 정신없이 시간을 보내다 보면 해야 할 일이 참 많다. 이때 단순히 빠르게 흘러가는 시간을 지나가는 풍경처럼 지나치다 보면 진정으로 보아야 하는 것들을 놓치게 된다. 빠른 차 안에서 벗어나 한번 천천히 걸어보자. 그리고 꼼꼼히 그것들을 잘하고 있는지 자신을 되돌아보며 살펴볼 필요가 있다. 강사 간의 소통의 문제, 아이들의 갑작스러운 퇴원, 강사로서의 무기력함에 빠지는 이유의 대부분이 이 디테일한 부분들을 잘 살피지 못하였기 때문에 발생한다. 바쁠수록 더욱 세세하게 살피고, 내가 무엇을 놓치고 있는지 끊임없이 자문해야 한다.

04

지식만 전하는
앵무새 강사가 되지 마라

나는 고등학교 때까지 생명과학을 너무나 좋아했다. 중학교 때 생명과학을 가르치던 학원강사의 영향이 컸다. 그 강사는 나에게 생명과학에 대한 지식을 하나의 이야기로 재미있고 이해하기 쉽게 설명했다. 곧 나의 꿈은 생명과학도가 되었고 대학교에 가기까지 생명과학을 전공해야겠다는 일념 하나로 직진했다. 하지만 대학교에서 내가 원했던 수업은 더 이상 없었다. 단순한 지식의 나열 같은 수업이 이어졌고, 흥미를 끌만한 요소는 찾아볼 수도 없었다. 대학교 때 만났던 교수님은 책을 읽어주듯 수업했기 때문이었다.

학생에게 있어서 강사의 역할은 매우 크다. 어렸을 적 강사의 영향으로 나의 진로를 잡았던 것과 같이 의외로 많은 학생들이 학교선생님이

나 강사의 영향으로 그들의 진로를 결정하기도 한다. 나 또한 대학생 때 교수님을 잘 만나지 못해서 그 과목에 대한 흥미를 잃게 되었다. 이는 강사의 영향력이 얼마나 큰지를 보여주는 단편적인 예라 할 수 있다.

강사는 단순히 지식을 전달하는 역할로 끝나서는 안 된다. 단순히 책에 있는 내용을 읽어주는 거라면 혼자 공부하며 스마트폰 앱으로 책을 읽어달라고 하는 것과 무슨 차이가 있겠는가? 강사는 지식을 앵무새처럼 읽어주는 역할이 아니다. 지식을 재가공하여 학생들의 사이즈에 맞게 포장하여 전달하여야 한다.

한 번은 나에게 상담을 한 강사가 이런 질문을 한 적이 있다.

"수업할 때마다 아이들에게 모든 내용을 빠짐없이 수업하려다 보니 강의시간이 너무 길어져요. 그렇게 수업을 하게 되면 결국 아이들이 집중을 못하게 되더군요. 어떻게 해야 할까요?"

나는 이렇게 답했다.

"수업시간을 반으로 줄이세요. 그러기 위해서는 수업 내용 중 꼭 필요한 부분을 집고 가장 포인트가 되는 것이 무엇인지 정리하여 강조하세요. 모든 내용을 한 번의 수업으로 다 전달하려고 하는 것은 자르지 않은 햄 덩어리를 입 안에 넣는 것과 다를 바 없습니다."

여기에서도 가장 중요한 핵심은 다음과 같다. 책에 나온 내용을 전부 수업하지 말고 압축하란 이야기다. 그리고 학생들에게 전달하기 쉬운 형태로 전달해야 된다. 이렇게 해서 만들어진 재료에 강사의 강의 스킬을 발휘하여 양념을 쳐야 완성된 강의가 만들어 지는 법이다.

몇 년 전 나에게 배우던 학생 중 하나는 전교권 안에 드는 공부를 매우 잘하는 학생이었다. 그 학생의 목표는 전교 1등을 하는 것이었고 그렇게 하기 위해 매우 열심히 공부했다. 그러던 어느 날, 갑자기 그 학생이 나에게 와서 자신은 퇴원해야겠다고 이야기했다. 갑작스러운 그 학생의 퇴원에 왜 갑자기 그런 결정을 내렸나 물었다. 그 학생은 약간 머뭇거리더니 이러한 이야기를 꺼냈다.

"학원에 다니는 것보다 그냥 집에서 혼자 공부하는 편이 더 효율적일 것 같아요."

그날 나는 충격에 휩싸였다. 내가 무언가 잘못하고 있는 건지 고민하고 무엇을 놓쳤는지 내내 생각했다. 결국 그 학생은 스스로 공부하는 것의 효율성이 학원에 나와 공부하는 효율성보다 더 크다는 판단에 학원을 그만 둔 것이라는 결론을 내렸다.

이 일은 어떻게 내 수업을 더 효율적으로 전달할지 생각하게 된 계기가 되었다. 내 지식을 어떻게 효과적으로 전달할지에 대한 고민으로 며칠 잠을 설쳤던 기억이 난다.

그렇게 '학생들이 학원에 나와 있는 시간을 최대한 효율적으로 쓰게 하자'라는 모토로 강의계획을 세웠다. 이후 놀랍게도 학생들의 수업에 대한 만족도가 높아지는 것이 아닌가. 바꾼 것은 하나다. 수업 때 중요한 것과 중요하지 않은 것을 확실한 기준으로 선별한 것이다.

학생들이 원하는 것은 결국 시험을 잘 보는 것이다. 그런 학생들이 학원에 와서 수업을 듣는 것은 책에 있는 모든 내용을 다 이해하기 위함이 아니다. 그럼에도 많은 강사들이 책에 있는 내용들을 빠짐없이 강의하려고 애쓴다. 조그마한 내용이라도 놓치게 되면 어찌될까 노심초사한다. 이렇게 수업의 분량이 늘어나면 수업의 부담도 커지고 학생들 또한 결과를 만들어 내지 못하거나 쉽게 지쳐버린다. 최악의 경우 퇴원이라는 결정을 내리게 된다.

강사의 역할은 단순명료하다. 시험에 나올 내용을 집어주고 이 단원의 핵심이 무엇인지를 간단명료하게 설명해주는 것이다. 이렇게 수업한다면 수업이 길어질 필요가 없다. 단지 이렇게 수업하기 위해서는 무엇이 중요하고 무엇이 중요하지 않은지에 대한 명확한 기준이 필요하다. 그렇기에 강사는 수업하는 내용에 대해 다양한 문제와 개념서를 참고하고 그중 정말로 필요한 부분을 나름대로 선별해야 한다.

이렇게 이야기하면 걱정하는 강사들이 분명 있으리라 본다.

"그렇게 해서 빼먹고 안 한 부분에서 시험문제가 나오면 어떻게 하나요?"

그것은 걱정할 필요가 없다. 이런 뻔뻔함이 나오기 위해서는 그만한 노력이 필요하단 것을 명심하라. '중요하지 않다'라고 생각한 부분에 대해서는 '중요하지 않다'라고 가르쳐 보자. 그리고 그것이 맞음을 아이들에게 증명하기 위한 실력을 키워야 한다. 처음에는 내 판단이 전부 옳지 않을지도 모른다. 하지만 점차적으로 수정·보안해 간다면 완성도 있게 바뀔 것이다.

　스스로 그러한 판단이 힘들다면 강사모임이나 스터디를 통해 자신의 생각이 맞는지 확인해보는 것도 큰 도움이 된다. 강사들이 개념적인 것을 파악하고 있는지 서로 점검해주고 강의계획에 대해 체크해 주는 시스템이 잘 갖추어져 있다면 큰 도움을 받을 수 있다. 이렇게 한 단계 높아진 수업은 학생들을 좀 더 효율적으로 공부할 수 있게 도움을 준다. 이를 통해 강사 또한 성공의 길로 접어들 수 있을 것이다.

　잘 아는 강사 중 연극영화과를 나와서 학원강사를 한다는 사람이 있다. 그 사람은 강사를 하기 전 연극을 하는 배우였다. 하지만 연극이 적성에 맞지 않다는 것을 깨닫고 자신의 적성이 무엇인지 되돌아보기 시작했다. 그는 남들 앞에 서서 재미있게 자신의 이야기를 풀어내는 것을 좋아했다. 역사에 대해 공부하는 것 또한 좋아해서 역사에 관련된 수많은 서적을 읽던 사람이었다. 그렇게 그는 사람들에게 어떻게 하면 딱딱한 역사를 재미있게 강의할 수 있을지 끊임없이 연구했다. 그리고 그것을 자유롭게 자신만의 스타일로 풀어냈다. 그는 바로 최고의 스타강사인 설민석 강사이다.

설민석 강사는 내가 매우 좋아하는 강사 중 하나다. 그의 강의는 보는 이로 하여금 마치 역사에 내가 직접 들어가 숨 쉬고 있는 것 같은 효과를 준다. 이는 그가 역사라는 지식을 정성들여 재가공 했기 때문이다. 그의 강의는 수업을 본다는 느낌보다 한 편의 뮤지컬을 본다는 느낌이 강하다.

이제는 강의가 단순히 지식을 전하는 직업이 아니라는 것을 알아야 한다. 같은 지식이라도 강사가 어떻게 요리하느냐에 따라 그 결과물은 엄청나게 다르다. 수학강사의 예시를 들자면 가르치는 수학의 기본적인 내용은 같다. 하지만 그것을 풀어가는 방법과 강조하는 것은 강사마다 다르다. 그것을 어떻게 재미있게 풀어갈 것인지 그리고 얼마나 쉽게 접근할지는 강사가 얼마나 연구하느냐, 노력하느냐에 달렸다. 지식을 그대로 전하는 사람이 되지는 말자. 앵무새가 아닌 스스로 생각하고 발전하는 인공지능 '알파고' 같은 강사가 되어야 한다.

05

1등 강사를 만드는
5가지 습관

매일 똑같은 하루가 반복되면 시간이 빠르게 느껴지고 어떻게 지나가는지도 모른다. 이런 하루가 반복되어 일주일이 되고 일주일이 쌓이면 한 달이 된다. 그 한 달이 일 년이 되면, 우리는 새해를 맞이한다. 그리고 다시 작년을 반성하면서 같은 한 해를 맞이할 것이다. 시간이라는 것은 우리를 절대 기다려주지 않는다. 잠을 자던 밥을 먹던 책을 읽던 늘 같은 속도로 우리를 뗏목에 태워 흘러가고 있다. 이러한 중요한 시간들을 당신은 어떻게 보내고 있는가? 혹시 모든 사람들이 동일한 시간에 살고 있다는 안일함에 빠져 무의미하게 시간을 낭비하고 있지는 않은가?

학원강사에게 1월은 매우 바쁜 기간이다. 아이들의 겨울방학이 있기 때문이다. 겨울방학 동안 아이들의 계획표도 작성하여야 하고 특강수업 계획도 짜야 한다. 잠시도 여유를 가질 틈이 없다. 수업이 하루 종일 있기 때문에 그 수업들을 준비하고 체크하는 데만 해도 엄청난 시간들이 소요가 된다. 보통 오전 9시까지 출근하면 그날 오후 11시쯤 퇴근한다고 보면 된다. 그렇다고 쉬는 날이 있는 것도 아니다. 월요일부터 일요일까지 중간에 몇 시간 쉬는 시간을 제외하고는 매일이 수업이었던 적도 많았다.

수업을 마치고 나면 집에서 쉬기 바빴던 것 같다. 집에 오면 오후 12시였고 다음날 있을 수업의 준비를 마치면 새벽 1~2시쯤에야 잠자리에 들 수 있었다. 수업이 취소되어 쉬는 시간이 있을 때는 집에서 잠을 청했다. 일정들이 빽빽했기에 시간은 너무나도 빠르게 지나갔고 새해를 보낸 지 얼마 지나지 않아 2월이 되었다.

하지만 특별한 한 해를 보낸 적도 있다. 1월이라는 시간이 나지 않을 것 같은 그 기간에 많은 일들을 추가로 이루어낸 것이다. 특강이나 수업이 적어서 가능한 일이 아니었다. 특강은 다른 해와 마찬가지로 가득 차 있었고, 수업 일정도 빽빽했다. 하지만 새로운 목표가 생기고 해야 할 일이 생기자 변화가 생기기 시작했다. '하루에 작은 것이라도 더 하자'라는 신념으로 아무리 피곤해도 조그만 것 하나씩 수행해나갔다. 그렇게 한 달이 흐르자 나의 1월은 엄청난 성과들로 가득 찼다. 가장 바쁜 시간임에도 나는 목표를 위해 달렸고 그로 인해 작은 노력들이 모여 거대한 결과를 만들어 낸 것이다. 그렇다면 내가 이러한 결과물을 만들어 낼 수 있었던 이유는 무엇일까?

첫째, 자기 전 다음날 해야 할 일을 우선순위 대로 목록을 작성한다

다음날 무엇을 해야 하는지 명확하게 정해지면 잠도 잘 오게 된다. 다음날의 걱정이 줄어들기 때문이다. 또한 중요도 순으로 그날 해야 하는 일을 적게 되면 무엇을 먼저 시작해야 하는지 명확하게 정해지기에 혼란스러울 필요가 없다.

대부분의 사람들은 '나는 오늘 무엇을 하겠다'라고 마음먹지 않으면 계속 미루게 되는 경향이 있다. 때문에 내가 해야 할 일이 무엇이고 가장 먼저 해야 할 것이 무엇인지 명확히 해두어야 한다. 그 일들을 전부 다 수행하지 못하더라도 우선순위로 할 일을 수행하였기에 그날 할일에 대한 능률이 생긴다. 하루가 끝난 후 성취감 또한 크게 나타나기도 한다.

나는 해야 할 일을 매우 잘 까먹는 스타일이다. 어디에 적어두지 않으면 그 일을 하지 못해 곤란했던 적이 많았다. 학부모와 상담을 드리기로 해두고 상담을 하지 않거나, 심지어 중요한 자료를 만들어야 하는 것을 만들지 못했던 적도 있다. 하지만 그 전날에 해야 할 일을 적기 시작하자 이러한 실수들이 현저히 줄어들기 시작했다. 혹시라도 까먹고 적지 못한 일들이 있다면 핸드폰을 활용하여 필요한 내용들을 메모하는 습관을 들였다. 그 후 생각나는 일들에 대해 정리할 수 있게 되었고 아침에 적어둔 일의 80% 정도 수행하고 나니 일과가 끝나고 난 뒤의 성취감은 이루 말할 수 없을 정도로 컸다.

둘째, 누군가 나를 점검해줄 사람들을 만들어야 한다

아무리 내가 철저한 사람이라 하더라도 스스로의 의지를 100% 컨트롤 할 수는 없다. 그렇기 때문에 항상 나의 행동을 점검해주고 감시해 줄 누군가가 필요하다. 헬스를 3~6개월 정도 등록만 해두면 며칠 다니다가 포기하기 십상이다. 하지만 헬스 트레이너를 고용한다면 꾸준한 운동을 할 수 있게 된다. 이는 학생들이 혼자 공부하는 대신 학원에 다니는 이유와도 일맥상통한다. 학생들은 잘 가르쳐 주는 사람들이 필요하지만 자신들을 잘 관리해 주는 사람이 필요한 것이기도 하다. 강사 또한 자신의 습관을 점검해주고 관리해줄 사람들이 필요하다. 내가 운영하는 네이버 카페 〈1등학원강사연구소〉에서는 이러한 강사의 개별적인 관리 및 습관개선 프로그램을 실시하고 있다. 아침에 일어나는 시간부터 강의 준비, 회식 및 자기계발 등 스스로 해야겠다는 마음을 가지고 있으나 스스로 잘 만들어 가지 못하는 강사들에게 최적의 관리를 해줄 수 있는 시스템을 구축하고 있다. 필요한 사람은 언제든지 들어와서 도움을 받길 바란다.

셋째, 잠자는 시간을 6시간 이하로 줄이고 아침형 인간이 되어야 한다

아침의 1시간은 저녁의 3시간과 맞먹는다는 말이 있을 정도로 아침시간은 자기계발을 하는 데 최적의 시간이다. 그럼에도 불구하고 학원강사들은 이 시간을 적절히 활용하지 못하는 경우가 많다. 이는 잦은 회식과 늦은 취침시간에서 원인을 찾을 수 있다. 메사추세츠^{MIT} 의과대 수면

장애연구센터의 연구결과에 따르면 사람에게 가장 적절한 수면시간은 6~8시간이라고 한다. 오히려 8시간 이상의 수면은 사망률을 높이고 피로도를 높일 수 있다고 한다. 따라서 우리에게 정해진 시간을 효율적으로 쓰기 위해서는 6시간의 취침시간을 잘 이용해야 한다. 일찍 자서 아침시간만 잘 활용해도 많은 일들을 해낼 수 있다.

넷째, 매일 잠자기 전 5가지 이상 감사일기를 쓴다

무슨 일이 있을 때마다 부정적인 이야기를 하는 사람이 있다. 이런 사람들은 절대로 잘 될 리 없다. 부정적인 상황 속에서 또다시 부정적인 상황을 만들어 내기 때문이다.

'끌어당김의 법칙'을 아는가? 내가 생각하는 대로 미래에 일어난다는 것을 뜻한다. 만약 내가 지금 현재 상황을 절망적이고 부정적으로 인식한다면 미래에도 부정적인 일들이 그대로 일어날 것이다. 하지만 내가 현재 상황에 대해 감사하고 고마워한다면 그보다 더 나은 결과물들이 속출할 것이다. 이것을 가장 잘 활용할 수 있는 것 중 하나가 매일 잠자기 전에 오늘 있었던 일 중 5가지의 감사한 일들을 일기로 쓰는 것이다. 공개적인 자리나 공식적인 자리일수록 좋다. 그리고 이를 응원해 줄 수 있는 사람들이 필요하다. 감사일기를 써 가며 의식을 확장하고 더 나은 미래를 위해 다른 강사들과 감사함을 나눠갈 때 진정한 1등 강사로의 길이 열릴 것이다.

목표를 가지고 무언가를 진행하는 것은 매우 좋은 방법이다. 하지만 이러한 목표가 있어도 중간에 힘든 일이 발생했을 때 견뎌낼 수 있는 에너지를 만들어야 한다.

학원에서 학생들에게 이번 시험에서 이루고 싶은 목표등급을 적게끔 한 후 그 시험에서 목표등급을 이루었을 때 문화상품권을 주고 있다. 그러자 아이들은 상품이 없었을 때보다 더욱 더 적극적으로 그 상품을 얻기 위해 노력했다. 어른들도 마찬가지다. 우리가 어떤 목표를 잡고 그 목표를 달성했을 때 나에게 주는 포상이 있어야 한다. 그런 포상이 나를 목적지로 이끄는 데 큰 도움이 될 뿐 아니라 다음 목적지를 설정하는 데 있어서도 큰 역할을 할 것이다.

'습관이 사람을 만든다'라는 말은 이제 익숙하다. 하루하루의 가치는 작을지라도 작은 습관이 누적되어 만들어지는 효과는 실로 엄청나다. 모든 성공자들을 만든 것은 그들의 '성공 습관'이다. 남들보다 더 노력하고 더 꼼꼼하고 앞서 나갈 수 있었던 것은 대부분이 놓치고 지나치는 시간들을 효율적으로 썼기 때문이다. 나 또한 이러한 습관의 힘이 없었다면 여기까지 성공하지 못했을 것이다. 매일매일 일찍 일어나고 시간과 싸우면서 내가 해야 하는 약속된 일들을 수행하는 것은 생각보다 쉽지 않다. 하지만 철저한 자기관리를 통해 이것들을 이뤄 냈을 때 비로소 성공하는 강사로서 나아갈 수 있을 것이다.

06

나만의
수업 스타일을 만들어라

나는 평소 청바지에 셔츠를 입고 그 위에 블레이저나 재킷을 걸치는 캐주얼한 정장 스타일을 선호하는 편이다. 하지만 처음부터 내가 이런 스타일을 선호했던 것은 아니었다. 대학교 시절에는 특이한 스타일로 유명했다. 길게 내려오는 통 넓은 청바지에 얇은 사슬을 걸고 다녔기에 걸을 때마다 소리가 났다. 그뿐이 아니었다. 알이 큰 갈색 선글라스를 끼고 학교를 돌아다닌 그때를 생각하면 아직도 얼굴이 화끈거린다. 처음에는 그 스타일이 이상한 줄 몰랐다. 시간이 지나면서 나를 보는 사람들의 시선이 이상하다는 것을 느꼈다. 그 이후 남들의 피드백을 토대로 나만의 스타일을 만들어갔다.

강의를 하는 데 있어서 자신만의 고집을 꺾지 않는 강사들을 많이 본다. 그들은 자신만의 스타일이라며 그 스타일을 고수하려 하는 경향이 있다. 내가 잘 아는 강사분도 이러한 고집이 매우 셌다. 예전 스타일을 따라가며 다른 사람들의 말을 듣지 않고 자신만의 방법을 고수했다. 그러자 많은 학생들이 적응을 하지 못하고 퇴원하기 시작했다. 그럼에도 그는 그것을 바꾸지 못했다.

사실 이 강사는 내 은사님이시기도 하다. 나를 가르쳐 주던 시절에도 강한 스타일로 학생들을 휘어잡아 학생들을 공부하게 하는 데 도움을 주셨다. 하지만 지금은 대부분의 아이들이 그런 스타일과 잘 맞지 않는다. 학생들은 자신들을 잘 이해해주고 공감해주는 강사들을 찾는다. 상황에 맞추어 주변의 이야기를 듣고 피드백을 하지 않으면 80년대 헤어 스타일을 지금까지 고수하는 것과 다를 바 없다.

처음에는 나도 나의 스타일을 잡지 못하고 다른 강사의 스타일을 따라했었다. 인터넷 강의를 보며 그 강사의 스타일을 따라 하기도 하고, 다른 잘나가는 강사의 수업을 청강하기도 하였다. 그러면서 이렇게 수업을 진행했을 때 아이들이 어떻게 반응을 하는지 살폈다. 그중 반응이 좋았던 수업들은 추려서 어떤 방식의 수업이 좋을지에 대해 연구했다. 몇 개월이 지나자 어느 정도 나만의 데이터가 쌓였다. 그러면서 서서히 나의 스타일을 잡아가기 시작했다.

학생들은 반마다 성격들이 달랐다. 어떤 반은 수업을 많이 해야 반응이 좋았으며, 어떤 반은 수업을 많이 했을 때 퇴원이 많아졌다. 이러한 차이는 학생들의 수준과 반의 성격에 따라 다르다는 것을 알게 되었다.

그렇게 나는 잘하는 학생과 못하는 학생의 기준을 잡아 스타일을 다르게 잡기 시작했다.

잘하는 학생들은 개개인의 약점을 파악해주고 어느 정도 어려운 것들에 대해 강사가 멋지게 강의해주는 '쇼맨십'적인 부분을 강조했다. 뒤에서 자세히 설명하겠지만 이러한 부분들에 대해 강의 스킬들을 수집하고 적당한 순간에 터트려주면 아이들은 저절로 강사를 신뢰하고 따르게 되는 것을 볼 수 있었다. 하지만 이때에도 잘 따라오는 학생과 잘 따라 오지 못하는 학생을 적당한 테스트를 통해 선별해 내는 것도 잊지 않았다. 잘하는 반 아이들의 특징은 못하고 이해 못하는 것을 부끄럽게 여기기 때문이다. 그렇기 때문에 모르는데도 아는 척을 하며 넘어가는 경우를 많이 봐왔다. 이런 경우 계속 수업만 진행했을 때 문제가 생기곤 했다. 그 이후로 테스트 후에 모르는 부분에 대한 개별적인 설명을 필수로 들어가 주니 자연스럽게 이러한 문제가 사라졌다.

못하는 학생들이 많은 반은 바로 수업을 진행하기에 앞서 재미있는 이야기로 수업을 시작했다. 처음부터 수업을 시작하기보다 아이들이 흥미 있는 이야기를 통해 수업 자체를 재미있게 만드는 것이 우선 중요하다 생각했다. 실제로 수업을 바로 하게 되면 흥미가 없어 하던 아이들도 자연스레 본 수업까지 집중하게 되는 것을 볼 수 있었다.

이런 학생들은 개별적인 실력이 다르다 보니 판서수업을 많이 하기보다는 개별적으로 첨삭하는 식으로 수업을 더 선호했다. 그래서 아이들별로 개별적인 진도계획표를 만들어 작성하게 하였다. 그렇게 아이들이 수준에 따라 진도가 다르고 실력이 다른 부분들을 개별적으로 관리하면서 큰 줄기의 수업은 공동으로 진행하는 나만의 수업스타일이 완성된 것이다.

수업스타일은 강사마다 천차만별이다. 내가 아는 A 강사는 강의스타일 자체가 독특하다. 아이들에게 크게 많은 수업을 하지 않는데도 학생들이 알아서 공부를 해오는 편이다. 그 강사의 스타일은 수업시간에는 정말 중요한 내용에 대한 핵심만 이야기하고 동기부여와 재미있는 이야기를 통해 아이들과 소통하는 데 대부분의 시간을 썼다. 그 강사가 중요시하는 것은 결국 학원에 있는 시간은 공부를 하기 위한 시간이 아닌 아이들이 연료를 충전하기 위해 들르는 주유소의 역할이라 생각한다는 것이다. 신기하게도 수업을 거의 하지 않는데도 불구하고 학생들의 성적이 많이 올랐다. 학생들 또한 이 강사의 수업을 듣는 목적이 뭔가를 배워가기 위해서가 아닌, 동기부여를 받고 자극을 받아 평소에는 듣지 못하는 이 수업만의 분위기를 즐기기 위해 온다는 것을 알게 되었다. 결국 이런 스타일이 A 강사를 만든 것이다.

B 강사의 경우 평소 학생들에게 재미있는 거짓말을 많이 하는 스타일이다. 이 강사의 재미있는 거짓말은 학생들에게 흥미와 재미를 주었다. 그 강사의 나이, 결혼 여부, 수업 등 구체적인 신상정보뿐 아니라 다른 강사들의 상황들까지 모두 거짓말의 대상이 된다. 그뿐만이 아니다. 더 재미있는 사실은 말이 안 되는 상황을 구체화시켜 아이들을 속인다는

것에 있다. 예를 들면 이런 식이다.

"야 너희 호주에 있는 멜버른이라는 도시에 가면 캥거루 택시라는 걸 탈 수 있대. 한 번 타는데 한국 돈으로 만 오천 원가량 하는데 말 타듯 캥거루 등에 안장을 올리고 탈 수 있게 해놓았다고 하니 나중에 기회가 되면 한번 타봐!"

이렇게 구체적인 위치와 금액을 명시하게 되면 사람들은 쉽게 속는 경향이 있다. 이렇게 수업중간에 거짓인 상황을 만들어 아이들의 흥미를 유발하며 수업을 효율적으로 이끌어 나가고 있다. 이로 인해 B 강사는 학생들에게 인기가 많은 편이다.

강사의 스타일은 천차만별이다. 그중 나의 스타일이 무엇일지 고민하고 방향을 정하는 것이 성공하는 강사로 나아가기 위한 중요한 준비과정 중 하나이다. 하지만 여기서 명심해야 할 것이 있다. 나만 만족하는 스타일이 아닌 나와 학생들이 모두 만족하는 스타일로 점차 변해가야 한다는 사실이다.

나의 고집으로 만들어진 스타일은 오래갈 수 없다. 결국 우리의 강의를 듣는 사람은 학생이다. 강사란 학생들이 원하는 방향으로 수업스타일을 만들 필요가 있다. 혹시 학생들이 어떤 스타일을 좋아하는지 감이 안 잡히는가? 그렇다면 조금씩이라도 아이들의 소리에 귀 기울여보자. 그리고 인기 있는 강사의 스타일을 잘 살펴보자. 결국 학생과 강사 모두 만족시킬 수 있는 수업 스타일을 만들기 위해서는 지금 나의 스타일을 잠시 내려놓고 다른 스타일로 바꿀 수 있는 용기가 필요한 법이다.

07

진정성 있는 강의로
승부하라

2018년 6월 13일은 지방선거일이었다. 많은 구의원, 시의원, 구청장 후보들이 앞다투어 당선을 위해 선거전 몇 달 전부터 열심히 노력한다. 사실 선거 기간 동안 나 또한 열심히 선거유세를 하게 되었다. 아버지께서 구의원에 출마하셨기 때문이다. 새벽에 일어나 지하철역 앞에서 명함을 돌리고 SNS를 통해 아버지의 출마를 알렸다. 하지만 무엇보다 가장 중요하게 생각했던 것은 구민들에게 어떻게 진심을 전달하느냐였다. 진정성이 결여되면 사람들은 관심을 가지지 않는다.

처음에는 많은 사람들이 명함을 받지 않거나 받더라도 지하철 아래쪽에 가져다 버렸다. 그것을 보고 '어떻게 하면 관심을 끌면서 한 번이라도 더 명함을 보게 할 수 있을까?' 고민을 하게 되었다. 그러다가 말하는 멘트를 바꾸어 보자는 아이디어가 생각나 부모님께 제안을 드렸다.

"안녕하십니까! 당신의 불(만을) 족足(으로 뛰며) 발(견 즉시 해결해 주는 해
결사), 인사드립니다. 감사합니다."

단순히 "안녕하세요. 이번에 구의원으로 출마하게 되었습니다. 잘 부
탁드립니다"라고 이야기하던 것을 위와 같이 바꾸어 말하며 명함을 주었
다. 그러자 명함을 버리는 사람들이 눈에 띄게 줄었다. 명함에 대해 관심
을 갖기 시작한 것이다. 그들에게 이러한 멘트는 의문을 주었을 뿐만 아
니라 발로 뛰겠다는 아버지의 진정성을 전달해주는 데 큰 몫을 했다.

나는 수업 때 아이들에게 나의 이야기를 많이 들려주는 편이다. 아이
들이 좋아하는 흥밋거리에 관련된 내용이거나 나중에 대학에 입학하고
어떠한 대학교 생활을 하게 되는지에 대한 이야기들이었다. 하지만 이
것 외에도 빠지지 않는 이야기가 있다. 내가 아이들을 위해 얼마나 노력
하고 있는지를 보여주는 사례들과 사실에 대한 이야기이다.

학생들을 위해 나를 포함한 수학강사들은 매주 모여서 스터디를 진행
하고 있다. 물론 스스로의 실력에 대한 향상도 중요하지만 학생들의 강
의 자료에 대한 완성도 포함되어 있다. 중간고사 기간이나 기말고사 기
간이 되면 스스로 강의자료를 준비하기보다 강사들끼리 모여 수업에 대
한 준비를 진행하는 편이 훨씬 효율적이고 효과이기 때문이다. 여기에
덧붙여 학생 개별적으로 필요한 내용을 파악하여 시험 대비 자료를 만

들어 준다면 더욱 좋다. 나는 표지에 학생들의 이름과 그 학생의 학교로고를 달아 시험대비 교재를 만들어 주는 편이다. 이러한 노력들을 학생들에게 이야기해주지 않는다면 힘들게 만든 자료들을 잊어버리거나 다 풀어보지 못한 채 시험을 보러 가는 일이 생긴다. 그러면 강사의 노력이 헛수고가 되고 만다. 그렇기에 아이들에게 강사의 노력을 자주, 직접적으로 표출해주는 것 또한 매우 중요하다. '내가 너희들을 위해 이러한 노력하고 있다'는 것을 표현해야 한다. 그리고 이 자료가 얼마나 소중한지를 깨닫게 해야 한다. 잘 따라오지 못하는 학생들에게는 '이것만 반복적으로 3번만 풀면 3등급이 나올 수 있다'는 강한 확신을 주는 것도 좋다.

자료적인 노력 말고도 매주 학생들의 노트를 수거하여 숙제검사를 한다. 이때 학생들의 노트를 걷어 확인하는 것은 숙제 검사뿐만이 아니다. 노트에 아이들이 필요로 하는 궁금한 사항들을 적게 한 뒤 그 질문들에 대한 답을 해 준다. 또한 숙제 검사가 마무리된 후 끝에 아이들에게 격려가 될 말이나 응원의 멘트를 꼭 써주는 편이다. 처음에는 몰랐으나 학부모와 상담하면서 이러한 노력의 결과가 바로 나타남을 느끼곤 한다.

한 번은 학부모와 통화하다가 이러한 이야기를 들은 적이 있었다.

"선생님, 정말 감사해요. 아이가 집에 와서 단 한 번도 숙제를 하는 모습을 본 적이 없었는데 선생님께 배우고 나서는 집에 오자마자 숙제를 하더라고요. 궁금해서 '너 왜 갑자기 마음이 바뀌어서 숙제를 하니?'라고 물어봤거든요. 그랬더니 선생님께서 숙제를 열심히 해가면 써주는 칭찬이 듣고 싶어서

숙제를 해간다고 하더라고요. 정말 뭐라고 감사의 말씀을 드려야 할지……. "

이러한 상담전화를 받았을 때마다 내가 새삼 잘하고 있음을 느낀다. 아이들은 대부분 칭찬의 말을 듣는 것을 좋아한다. 하지만 대부분 집에서 꾸중을 듣거나 성적에 대한 질타만 할 뿐 노력에 대한 칭찬의 말을 건네지 않는다. 그렇기에 공책에 학생에 대한 칭찬의 말을 적어주는 것만으로 학생들은 강사의 진정성을 크게 느끼게 되는 것이다.

보강을 할 때에도 '내가 시간이 많아서'가 아닌 '너를 위해 시간을 낸다'는 티를 낼 필요가 있다. 강사들 중 보강을 너무나도 당연하게, 과도하게 많이 해주는 경우를 많이 봐왔다. 이러한 것들은 오히려 강사의 가치를 떨어뜨릴 뿐 아니라 강사나 학부모에게 안 좋은 영향을 주게 된다는 것을 아는가? 한두 번 보강을 그냥 해주다 보면 강사는 이 학생에게 더 노력하고 신경 써주는 것이지만 학생이나 학부모의 입장에서는 학원을 빠지게 되면 개인적으로 수업을 들을 수 있다고 착각하게 만든다. 그렇게 하나둘 빠지는 기간이 늘어나 버리면 보강을 갑자기 그만둘 수도, 그렇다고 다 해주기도 힘들어지는 상황이 벌어지게 된다.

보강을 할 때 철저히 지키는 세 가지 원칙이 있다.

첫째, 미리 통보하지 않은 결석이나 지각분에 대해서는 절대 보강을 해주지 않는다.

둘째, 보강 시간에 늦거나 오지 않을 경우 추가 보강을 진행하지 않는다.

> 셋째, 가능하면 같은 내용의 수업을 하는 두 명 이상의 학생을 불러 보강을
> 진행한다.

학생들에게 항상 내가 바쁜 사람이고, 개개인이 아닌 전체를 위해 노력하고 있음을 강조해야 한다. 피치 못할 사정에 의해 보강을 해야 할 때에는 원래 수업보다 짧고 명료하게 핵심만을 설명하고 나머지는 아이 스스로 공부할 수 있게 시간을 적절히 활용하는 것이 좋다.

연애를 할 때 표현을 많이 하라는 이야기가 있다. 특히 "사랑해"라는 말을 사랑하는 사람에게 하루에 5번 이상 하는 커플이 싸우게 되는 확률은 그렇지 않은 커플보다 절반 이하로 떨어진다는 통계 결과도 있다. 그 정도로 직접적인 표현은 그 사람의 진정성을 보여주는 데 매우 중요한 역할을 한다. 그럼에도 많은 사람들은 단지 행동이나 비언어적인 표현을 통해서만 자신의 의사를 나타내려 한다.

강사도 자신의 진정성을 나타내기 위해서는 학생들에게 자신의 노력을 어필해야 한다. 그리고 진정으로 너희들을 생각하고 있음을 표현해야 한다. 그래야 그들이 진정으로 감동하고 나의 팬이 되게끔 만들 수 있는 것이다. 부끄러움을 버리고 오늘부터라도 당장 실천해보길 바란다.

08

프로 의식을 갖춘
강사가 되어라

당신은 학원강사라는 것에 어느 정도의 프로의식을 가지고 있는가? 지금 프로강사로서의 의식이 명확하지 않다면 강사로서의 자신감이 낮아질 수밖에 없다. 자신감이 없으면 학생들이 제일 먼저 그것을 알아보고 그 강사의 가치를 낮게 본다. 성공한 강사가 되기 위해서는 강사로의 프로의식을 갖추는 것이 기본이다.

프로 의식을 처음 시작부터 가지고 시작했었던 강사가 한 명 있다. 바로 사회탐구영역의 1타 강사이자 〈메가스터디〉의 사장으로 있는 손주은 대표이다.

손주은 대표는 강력한 프로의식을 가지고 있는 강사로 유명하다. 그의 당시의 별명인 '손사탐손주은은 사회탐구영역의 최고수의 줄임말'이라는 말만 봐도 알 수 있다. 그가 처음부터 학원강사로서의 길을 선택한 것은 아니었다. 서울대 인문대 서양사학과를 졸업한 그는 유학을 하기 위해 돈이 필요해졌다. 그렇게 과외를 시작하게 되었고 그것이 곧 학원강사의 길로 들어서는 결정적인 계기가 되었다고 한다.

손주은 대표는 이렇게 이야기했다.

"성적이 나쁘다는 이유로 방황하고 있는 학생을 보면서 돈을 벌어야겠다는 생각보다는 학생의 인생을 올바르게 인도해줘야겠다는 소명의식이 들었습니다."

처음에는 단순히 계기로 시작했던 일이 손주은 대표의 인생을 송두리째 바꾸어 버린 사건이 되었다. 만약 그가 유학을 갈 비용을 벌겠다는 목적으로만 과외 수업을 진행했더라면 지금과 같은 결과물을 만들어 내지 못했을 것이다. 하지만 그는 이미 그 학생을 통해 소명의식을 느끼게 되었다. 이는 그의 프로강사로서의 의식을 보여주는 단편적인 예시라 할 수 있겠다.

이렇게 시작한 첫 번째 과외는 연달아 많은 학생들을 가르치게 되었다. 강사로서의 자질을 찾게 된 그는 학원으로 진출했고, 프로의식을 지닌 진정한 1타 강사로 성공하였다.

그의 성공은 우연에 의한 것이 아니다. 그의 뛰어난 학원강사로서의 기량과 강한 프로의식이 그를 최고의 강사의 자리로 인도했다. 학생의 인생을 올바르게 인도해 주겠다는 소명의식과 무조건 성적을 올려줄 수 있다는 강한 확신이 실질적인 결과를 만들었다. 그는 그 자리에서 만족하지 않고 어떻게 하면 더 많은 학생들을 인도할 수 있을까 고민했다. 그렇게 탄생하게 된 것이 〈메가스터디〉였다.

나 또한 프로의식의 중요성을 무엇보다 중요하게 생각한다. 강사가 정말로 성공하기 위해서는 자신만의 프라이드와 프로의식을 가져야 한다. 수업하기에 앞서 나의 수업이 최고의 수업이라고 확신을 하는 시간을 가진다. 그리고 그 수업을 통해 아이들이 성적이 오르고 집중하는 것을 이미지트레이닝 한다. 이는 실제로 아이들이 그 수업에 몰입하는 데 엄청난 효과를 나타낸다.

수업 때는 학생들에게 '오늘의 수업을 들은 너희들은 정말 행운'이라는 이야기를 자주 한다. 이는 수업에 대한 나의 확신이자 자신감이다. 이를 통해 아이들은 내 수업을 듣고 있는 자신들이 정말로 행운이라 생각하게 되고 내 수업의 가치를 높이 보게 된다. 그런 아이들이 수업에서 존다는 것은 있을 수 없는 일이다. 이 수업을 놓친 자신들은 너무나도 큰 손해를 보는 것일 테니 말이다.

처음부터 나도 이렇게 수업이 진행되지 않았다. 수업이 진행될 때마다 나는 항상 '을'의 입장이었다. 그 이유는 〈수리학당〉의 독특한 팀제 시스템의 영향 때문이었다. 앞에서 이 시스템에 대해 간단하게 소개를 했었다. 부연하자면, 두 명의 선생님이 한 팀이 되어 두 반을 맡는 형태였다. 나이가 가장 어리고 경력이 많이 되지 않았던 이유로 나는 항상 보조 선생으로서의 역할을 수행했다. 당시에는 잘 몰랐지만 이 여파는 매우 컸다. 그냥 내가 맡은 역할을 열심히 하면 될 것이라는 생각을 했던 것 같다.

하지만 나의 가치는 그때부터 항상 뒤처지고 있었다. 이 사실을 깨닫게 된 지는 2년도 채 되지 않는다. 물론 그때 쌓은 관리력과 많은 수업적인 스킬들은 지금에도 엄청난 무기가 된다. 반면, 아이들은 항상 나를 '서브강사', '보조강사' 등으로 생각하고 있다는 사실을 알게 되었다. 나의 은사님과 같이 수업을 진행했을 시에는 더욱 그것이 심했었다. 내 마음대로 수업에 대한 결정을 내리지 못했고 항상 이끌려 다니는 입장이었다. 이것을 본 학생들은 어떠했겠는가. 결국 그 반이 분리가 되었을 때 내 반쪽으로 분리된 고3 중의 절반은 퇴원해 버리는 결과를 낳았다. 학생들에게 프로의식을 심어주지 못했기 때문에 일어난 결과이다.

그 뒤 나는 반을 따로 운영하겠다고 선포했다. 앞에서 이야기한 것과 같이 원래 같이 반을 맡고 있었던 학생들 중 퇴원하는 학생들도 많았다. 그것은 나의 도전을 위한 진통에 불과했다. 내가 성공하기 위해서는 나의 낡은 껍데기를 벗어야만 했다. 초보, 부족함, 자신 없음, 어색함, 아마추어, 막내강사, 보조강사와 같은 이미지를 벗어버리고 프로강사의 이미지로 탈바꿈했다.

그렇게만 했을 뿐인데도 효과는 굉장했다. 나의 자신감을 충전하고 1

등 강사와 같이 수업을 진행했다. 학생이 5명밖에 없는 교실임에도 뒤에 100명이 앉아서 수업이 듣고 있다 생각하니 수업의 질과 가치는 올라갈 수밖에 없었다. 신기한 것은 예전에 아이들의 개별적인 반응이 무척이나 신경 쓰여서 수업하기 힘들었던 반도 이제는 크게 힘을 들이지 않고 좋은 반응을 이끌어내기 시작한 점이었다.

한 번은 그 반 학생 중 한 명이 나에게 이렇게 이야기했다.

"선생님 반에서 수업을 들으면 제가 대단한 학생처럼 느껴져요. 뒤에 많은 책상들이 있고 그 맨 앞자리에서 선생님의 수업을 듣는 느낌이랄까요?"

나는 정말로 놀랐다. 내가 상상한 형태를 아이들도 그대로 느끼고 있었기 때문이다. 내가 100명의 학생을 데리고 수업을 하고 있다 생각하니 시선처리도 정돈이 되고, 또한 하나하나의 반응에 흔들리지 않게 되었다. 또한 수업적인 면에서도 좀 더 프로답게 자연스러움을 보이게 되는 현상을 동영상을 통해 관찰 할 수 있었다. 스스로 느끼는 프로의식이 나의 의식뿐만 아니라 아이들까지도 장악하게 된 것이다.

내가 읽었던 책 중 감명 깊었던 구절이 있다. 네빌 고다드 Neville Goddard 의 책인 《네빌 고다드 5일간의 강의》에서 '나에 대한 관념이 나의 모습과 환경을 결정한다'라고 이야기하는 부분이다. 이는 나를 어떻게 생각하느냐에 따라 나의 실제 모습과 그 주변 환경을 바꿀 수 있음을 뜻한다. 가난한 어린 시절을 보냈던 헨리 포드, 록펠러 그리고 카네기도 성공에 대한 확신이 있었기에 위대한 성공을 거둘 수 있었다고 이야기하고 있다. 마지막으로 그는 우리에게 이렇게 이야기한다. '나에게 주어진 유일한 과업은 나의 관념을 위대함으로 채우는 것뿐이다'라고 말이다.

지금 1등 강사, 억대연봉 강사가 아니어도 상관없다. 당신이 해야 할 것은 당장의 현실을 바꾸는 것이 아니다. 내 안의 마음부터 억대연봉 강사이자 프로강사로 강하게 무장해야만 한다. 강한 확신은 비로소 당신을 그리고 주변 환경을 갈아엎고 진정한 성공의 길로 인도할 것이다.

카드뉴스로 보는
실전 수업 비법

1등 강사를 만드는 다섯 가지 습관

억대연봉 서동범코치의

1등강사를 만드는
5가지 습관

" 모든 사람들이 동일한 시간에
살고있다는 안일함에서
어서빨리 깨어나라 "

-서동범 코치-

1. 일과 시작하기전
   할 일 우선순위 정하기

A 할 일이 많을 때 무슨일을 해야 할까 고민하다 아무것
도 못했던 기억이 있는가? 일과전 무엇을 해야 하는지
우선순위를 미리 정해놓고 시작하면 중요한 일부터 순
차적으로 수행해 나갈 수 있다.

2. 나를 점검해줄 사람 만들기

A 아무리 내가 철저한 사람이라 하더라도 스스로의 의지를
100% 컨트롤 할 수는 없다. 그렇기 때문에 항상 누군가
나의 행동을 점검해주고 감시해 줄 사람들이 필요하다.

3. 6시간 취침으로 아침형 인간되기

A 우리에게 정해진 시간을 효율적으로 쓰기 위해서는 6시간의 취침시간을 잘 이용해야 한다. 그럼으로서 아침시간을 확보하고 그 시간부터 우리가 강사로서 할 수 있는 노력을 해나가야 한다.

4. 매일 잠자기전 5가지 감사일기쓰기

A "끌어당김의 법칙"을 아는가? 내가 생각하는 대로 미래에 일어난 다는 것이다. 내가 현재 상황에 대해 감사하고 고마워 한다면, 계속해서 좋은일들만 연달아 일어날 것이다.

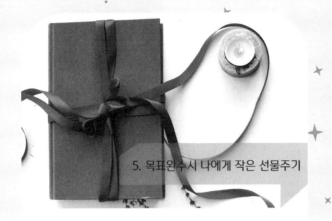

5. 목표완수시 나에게 작은 선물주기

A 우리가 어떤 목표를 잡고 그 목표를 달성 했을 때 나에게 주는 포상이 있어야 한다. 그런 포상이 나를 목적지로 이 끄는데 큰 도움이 될 뿐 아니라 다음 목적지를 설정하는 데 있어서도 큰 역할을 할 것이다.

초보강사에서
억대연봉
강사가 되는 기술

01

성공한 강사들의 강의를 분석하라

한 번은 부산에서 내가 좋아하는 방탈출 카페를 간 일이 있었다. 한참 유행을 탔던 방탈출 카페는 전자장비나 장치, 그리고 자물쇠를 이용하여 방을 구조화해놓고 문제를 풀면 방을 탈출할 수 있게끔 만들어 놓은 시스템이다. 퍼즐을 좋아하는 나에게 매우 흥미로웠다. 항상 핸드폰 게임으로만 즐기다가 실제로 체험해볼 수 있게 되었다. 방탈출 카페는 특성상 방에 들어가기 전까지 그 안의 내용이나 구성을 알 수 없다. 부산이라는 지역까지 왔고 서울에서 보지 못한 새로운 방에 들어간다는 생각에 가슴이 뛰었다.

내가 들어갈 테마는 '아마존'이었다. 아마존을 구연해놓은 방을 탈출하는 것이 목표였다. 심지어 방 안에는 강까지 구연해놓았다고 설명되어 있어서 매우 긴장되었다. 하지만 기대와 달리 결과는 처참했다. 방 안의 구조는 너무나 단순했고 문제와 구성들은 뻔했다. 비싼 돈을 내고 그곳을 이용했다는 것이 화가 날 정도였다. 이러한 구성일 수밖에 없는 이유는 그곳의 사장과의 이야기를 통해 알 수 있었다. 그는 다른 방탈출 카페와 차별화하기 위해 다른 곳을 단 한 번도 들르지 않았다고 말했다. 그래서 다른 곳과 차별화된 것을 자랑스럽게 이야기했다. 매우 부정적으로 차별화된 줄 모르고 말이다.

처음 강의를 시작했을 때는 부담감이 많았다. 다른 강사들에 비해 경력도 적었고, 수업에 대한 자신감도 없었다. 그래서 찾게 된 것이 유명 인터넷 강사들의 강의였다. 처음 강의를 참고하려 생각했을 때, 내가 생각하는 유명한 강사들의 강의를 하나하나 검색하여 결제하였다. 그렇게 하자 천군만마를 얻은 기분이었다. 내가 고등학교 때 들었던 유명 강사부터 현재 많은 사람들에게 인기를 얻는 강사들까지 그들은 나의 부족한 강의를 도와줄 피터팬의 '팅커벨' 같은 역할이었다.

실제로 그들의 강의는 나에게 큰 영감을 주었다. 학생으로서 강의를 봤을 때와 강사로서 강의를 봤을 때는 전혀 다른 느낌으로 나에게 다가왔다. 하나하나 그들이 아이들을 가르치는 것이 내가 가르치는 부분에 어떻게 적용될 수 있는지 생각하게 되었다. 그리고 내가 미처 생각하지 못했던 부분들에 대해 점검할 수 있게 되었다. 그렇게 얻은 스킬들을 바로 수업에 적용하면서 점차 수업이 안정화되는 것이 느껴졌다.

만약 이러한 강의들을 참고하지 않고 나의 스타일만 가지고 수업을 했다면 분명 잘못된 방향으로 진행됐을 것이다. 처음부터 강의를 도움 없이 한다는 것은 아무 뼈대 없이 건물을 세우는 작업과 같다. 모든 건물들의 모양은 전부 다르지만 그 건물들의 뼈대와 골자를 이루는 구조는 같다. 즉 기본적인 모양새를 알아야 그것에 새로움을 덧씌울 수 있는 조건이 완성되는 것이다. 이러한 기본적인 골자를 파악하는 것은 초보강사에게 있어서 매우 중요한 요건 중 하나이다.

골자를 파악하는 가장 좋은 방법이 바로 성공한 강사들의 강의를 분석하는 것이다. 성공한 강사들의 강의를 볼 수 있는 방법은 여러 가지가 있지만 그중 가장 쉽게 접근할 수 있는 방법은 인터넷 강의이다. 그들이 어떻게 성공했고, 왜 아이들이 그 강사의 팬이 되었는지 분석해볼 수 있다. 다만 주의할 점이 있다. 인터넷 강의의 특성상 오프라인 강의와 다르게 수업의 흐름이 늘어지고, 수업의 타겟층을 제대로 확인해보지 않을 경우 아이들이 강의를 너무 어렵다고 생각하거나 쉽게 느낄 수 있다. 따라서 수업을 듣는 대상이 어떤 레벨의 학생인지, 그 수업을 진행하기에 있어서 나의 수업 여건이 적절한지 잘 살펴보아야 한다.

그 다음 방법으로는 학원 안에서 가장 잘나가는 강사들의 강의를 듣는 방법이다. 이는 사실상 쉽지 않다. 대부분의 강사들은 다른 강사들이 자신의 강의를 듣는 것을 꺼리기 때문이다. 그렇기에 강의를 할 때 직접 듣기보다 아이들이 그 강사의 어떤 점을 좋아하고, 그 강사가 어떤 식으로 학생들을 다루는지 등을 잘 보고 살펴보아야 한다. 뒷장에서 자세하게 다루겠지만, 수업보다 더 중요한 것은 강사가 학생을 다루는 스킬들이다. 나는 강사가 된 지 얼마 되지 않았을 당시에 가장 잘나가는 강사의 강의실을 살펴보거나, 그들의 출석부나 자료 등을 열람하여 수업 준비는 어떻게 하는지, 아이들은 어떻게 관리하는지 참고하기도 하였다. 이는 처음 나의 시스템을 구축하는 데 큰 도움이 되었다.

마지막으로 강사들 간의 네트워크 안에서 도움을 받는 방법이 있다. 학원강사는 다른 직업과 다르게 평일 낮에 시간이 있고 저녁이나 주말은 수업으로 인해 다른 직업군들과 어울리기가 어려운 직업 중 하나다. 때문에 강사들끼리 커뮤니티가 많이 활성화되어 있는 편이다. 커뮤니티를 이용하게 되면 많은 수업 자료를 얻어가면서 다른 강사들과 소통할 기회가 생길 수 있다. 자신보다 더 먼저 강사를 시작하였거나 노하우가 있는 강사들을 많이 만나야 한다. 그리고 그들의 이야기를 들어보아야 한다. 이때 주의해야 할 점이 있다. 항상 누군가에 험담을 하고 일에 부정적인 의식을 가진 '뱀파이어'들과는 거리를 두어야 한다. 모임을 가지게 되면 꼭 한두 명씩 뱀파이어가 존재한다. 그들을 멀리하고 긍정적이면서 열정이 넘치는 강사들과 소통해보아라. 그리고 그들의 노하우를 흡수해보자. 그곳에서 혼자서는 얻을 수 없는 많은 노하우들을 접하고 운이 좋다면 그들의 도움을 받아 새로운 기회가 생길 수도 있다.

한 번은 성공한 사람들의 자서전을 보면서 그들의 공통적인 특징이 무엇인지 정리해본 적이 있었다. 그중 가장 눈에 띄는 점은 성공한 사람들은 배움에 절대 인색하지 않았다는 것이다. 그들에게는 항상 그들을 도와주는 조력자와 멘토가 존재했다. 스스로 시행착오를 거쳐 10년 만에 얻어낼 정보들을 누군가의 도움을 통해 1년 만에 깨우칠 수 있다면 그보다 더 좋은 투자가 어디 있겠는가.

나는 항상 강사들에게 최고의 컨텐츠와 노하우로 성공의 길에 접어들도록 조언할 준비가 되어있다. 나뿐만 아니라 성공한 강사들을 찾아 그들에게 조언을 구해야 한다. 그들이 왜 성공했는지를 철저히 분석해 보자. 성공의 실마리는 틀림없이 그곳에 있다.

02

강의는 센스가 아닌 기술이다

평소 나는 센스가 없다는 이야기를 많이 듣는다. 무언가의 상황에 대해 대처하고 분위기 파악을 잘하지 못한다는 뜻이다. 술자리와 같은 준비되지 않은 자리에 서면 항상 버벅대고 실수를 하곤 한다. 하지만 강의를 할 때에는 철두철미하다는 소리를 듣는다. 수업이 시작하고 끝나는 순간까지 하나하나 내 계획대로 흘러가도록 하기 때문이다. 그렇게 만들어진 강의는 학생들의 수업을 효율적이고 완벽하게 만든다.

텔레비전 프로그램을 보면 연예인들이 예능프로그램에 나와 방송하는 모습들을 보게 된다. 그중 기억에 남는 것이 있다. 갑작스러운 상황에 애드리브를 하여 그 상황을 대처하는 모습이다. "어떻게 저 상황에 저런 애드리브가 나오지?"라는 말이 절로 나온다. 애드리브란 연극이나 방송에서 출연자가 대본에 없는 대사를 즉흥적으로 하는 일 또는 그런 대사를 뜻한다. 하지만 애드리브라고 불리는 것들이 사실은 철저한 노력과 준비에 의해 이루어지고 있단 사실을 아는가?

〈아트스피치〉의 원장이자 강연가이자 작가로 잘 알려져 있는 김미경 원장은 애드리브를 잘하기로 유명하다. 그녀는 강연 중 받는 돌발 상황이나 돌발 질문을 특유의 화술을 이용하여 잘 대처한다. 그녀가 운영하는 〈아트스피치〉에서 스피치 과정을 수강한 적이 있었다. 그때 알게 된 사실은 그녀의 유창한 말솜씨와 강연 실력 뒤에는 엄청난 노력이 숨어 있다는 것이었다. 백조가 물에 떠 있기 위해 열심히 발을 놀리듯 그녀의 엄청난 강연은 그 노력이 있기에 가능했던 것이었다.

그녀가 강연 전 중요하게 준비하는 두 가지가 있다. 철저한 강연계획과 강연을 듣는 사람들에 대한 사전 조사였다. 우선 그녀는 강연에 대한 계획을 크게 세워놓는다. 이 계획에는 말해야 하는 내용의 소제목들이 달려있다. 일종의 뿌리와 줄기를 세워놓는 것이다. 그 후 쳐놓은 큰 줄기에 가지를 세부적으로 덧붙인다. 이를 사례라고 하는데, 말하는 내용을 뒷받침하거나 부연하는 역할을 한다. 이렇게 철저하게 세워놓은 계획하에 그녀는 완성도 높은 강연을 이루어내는 것이다.

또 하나의 중요한 포인트는 강연을 듣는 사람들에 대한 사전조사다. 누가 강연을 듣느냐에 따라 청자들의 관심사, 공감될만한 내용, 그들의 공통점 등을 사전 조사하여 맞춤식으로 강연을 하려 노력한다고 한다.

이러한 노력이 그녀의 명품 애드리브를 만드는 일등공신이 된 것이다.

강의도 마찬가지이다. 나는 수업 전에 미리 수업해야 하는 내용을 큰 틀에 짜놓는다. 만약 오늘 수업할 내용이 이차방정식이라고 해보자. 먼저 이차방정식에서 내가 중점적으로 아이들에게 수업해야 하는 소제목들을 정한다. 다음은 예시를 들어본 것이다.

1. 이차방정식의 풀이 ~~~> 수업 전 내 학창시절 story !
(이차함수와 관련하여)

    (1) 인수분해가 되는 경우   "기본 1, 2"

    (2) 인수분해가 되지 않는 경우   → 근의 공식 유도   "기본 3, 4"
                                    ★ 과정 숙지시키기

    (3) 계수가 유리수가 아닌 경우   ┌ 무리수   "기본 5"
                                   └ 허수   "기본 6"

★ **2. 이차방정식과 판별식**
강조

    (1) 방정식의 근과 판별식   함수와 연계   "기본 7, 8"

    (2) 판별식의 응용   → 중반 이하 제외   "심화 9, 10"
                                                 쉬는 시간 10~15분

2. 이차방정식의 근과 계수와의 관계

    (1) 이차방정식의 근과 계수와의 관계   곱셈공식 연계, 항등식   "기본 11"

    (2) 근과 계수와의 관계를 이용한 활용 문제   "기본 12, 13"

3. 이차방정식과 실근의 부호   ★ 약점 Part!

    (1) 두 근이 양수인 경우 $\alpha+\beta>0$ $\alpha\beta>0$ $D\geq0$ "기본 14"

    (2) 두 근이 음수인 경우 $\alpha+\beta>0$ $\alpha\beta>0$ $D\geq0$ "기본 15"

    (3) 한 근은 양수, 다른 한근은 음수인 경우   ★ $\alpha\beta<0$ 속았지?   "기본 16"

앞서 예시를 살펴보면 알겠지만 각 단원에서 유형이 많거나 좀 더 부연을 하고 싶은 내용들을 위해 중단원의 소목차 중 하나는 응용이나 활용을 넣어 두는 것도 하나의 방법이 된다. 처음에는 개념서를 참고하여 수업의 계획을 짜보아도 좋다. 결국 내가 수업을 하는 데 있어서 어떠한 포맷이 좋을지를 미리 생각해 놓는 것이 좋은 강의를 만들기 위한 기본 베이스가 된다.

이제 짜인 줄기에 가지치기를 하면 된다. 여기에서 가지에 해당하는 것은 강연에서의 사례가 아니라 그 개념에 해당하는 문제가 된다. 그 단원에 적절하게 어떠한 문제를 수업할 것인지에 대해 계획하면 설명한 개념과 문제가 바로 연결될 수 있다.

여기서 강사들이 가장 많이 하는 실수는 단지 책에 나와 있는 순서대로 강의를 진행하면서 나와 있는 대표유형 문제를 푸는 것이다. 이는 강사 스스로 강의 준비가 제대로 되지 않을뿐더러 강의 내용과 문제가 맞지 않는 경우가 생겨서 아이들의 수업에 부정적인 영향을 끼칠 수 있다. 지금 이야기하는 주제가 '학생들이여, 꿈을 가지자'라는 주제로 이야기를 해야 하는데 '꿈이 없는 학생들도 성공할 수 있다'라는 사례를 들었다 해보자. 내가 강의하는 내용과 그 예시 문제가 맞지 않는다면 주제와 전혀 맞지 않는 사례를 든 것과 다를 바 없다. 교재를 지정을 하더라도 나의 수업에 맞게 각색하거나 자체교재를 제작해보자. 가능하다면 나의 수업에 대한 PPT도 제작하여 활용한다.

이렇게 수업 준비가 된 상태가 1차적인 준비다. 여기에 지금 수업하는 학생들의 특성, 학년, 반 분위기 등을 고려하여 어떤 스타일로 강의를 진행할지 결정해야 한다. 중학생이나 고1까지는 수업의 비중을 과도하게 높이기보다는 동기부여나 강사의 이야기 위주로 수업을 진행하는 것이 훨씬 도움된다. 고2와 고3의 경우에는 공부의 양이 많아지는 시기이기에 나가야 하는 분량을 먼저 정한 후 그 분량에 맞추어 조절해나가면 된다. 나 같은 경우에는 어느 정도 수업을 진행하고 언제쯤 이야기를 해야겠다라는 것을 강의 전에 미리 짜놓는다. 강의 중간에 강사의 이야기나 동기부여를 해줄 이야기는 아이들의 분위기를 환기하고 집중력을 높이는 데 큰 도움을 준다. 적절한 시기에 사용하면 강의의 질을 높일 수 있다.

나에게 있어서 애드리브는 갑자기 툭 튀어 나오는 센스에서 비롯된 말이 아니다. 강사의 철저한 노력의 결정체이다. 그 엄청난 노력을 보지 못한 일반인들은 그것을 애드리브라고 부른다. MC의 제왕인 유재석도 처음부터 애드리브를 잘하지는 않았다. 어떻게 하면 말로 사람들을 즐겁게 해줄 수 있을지, 어떤 타이밍에 말을 해야 사람들이 웃을지 24시간 내내 고민하는 사람이었다. 그가 데뷔 초반에는 말이 아닌 몸으로 웃겼던 사실을 아는가? 그는 어마어마한 노력과 열정을 통해 말의 기술을 습득했고, 마침내 부동의 1위 MC자리를 꾸준히 지켜오고 있는 것이다.

강의가 아직까지 센스라고 생각하는가? 이젠 그런 착각에서 벗어나자. 노력을 통해 강의의 기술을 습득하고 완벽한 애드리브가 나오게끔 만들어보는 것이다.

강의에
나의 이야기를 담아라

오후 1시의 수업은 조용한 전쟁터다. 학생들은 수업을 시작한 지 얼마 지나지 않아 꾸벅꾸벅 인사를 하기 시작한다. 아이들이 졸려 하면 그 앞에서 수업하는 강사는 당황하기 시작한다. 이때 초보강사는 아이들을 깨우기 위해 울상일 것이다. 점심밥을 먹고 난 후 자리에 앉았으면 졸릴 만도 하지만 여기서 아이들에게 수업의 흐름을 뺏겨서는 안 된다. 강하게 마음먹고 아이들을 깨워야 한다. 이때 필요한 것은 무엇일까? 다름 아닌 강사의 이야기다.

아이들은 강사의 이야기를 좋아한다. 수업시간에 수학이나 영어의 내용을 각색하여 재밌게 수업할 수도 있지만 어디까지나 한계가 있다. 정보성의 글은 재미가 떨어지기 때문이다. 하지만 그것이 하나의 이야기가 되었을 때는 상황이 달라진다. 그 이야기가 학생들의 미래에 관해서나 아직까지 겪어보지 못한 세상의 경험일 경우 그들의 귀가 쫑긋거리는 소리를 들을 수 있을 것이다. 직접 겪은 것이 아니어도 좋다. 들었던 재미있는 이야기나 알고 있는 내용을 각색해도 아이들에게는 매우 큰 흥밋거리가 될 수 있다.

강의에 스토리를 입히는 강사들 중 '수업딴소리'로 유명한 〈이투스〉의 정승제 강사를 뽑을 수 있다. 그는 수업 중간중간에 자신의 이야기를 덧입힌 흥밋거리들을 아이들에게 이야기해준다. 핸드폰 액정을 왜 벗겨야 하는지부터 시작해서 삼겹살 맛있게 굽는 법, 비행기에서 똥 마려웠던 이야기까지, 별의별 이야기를 수업시간에 아이들에게 해준다. (인터넷 강의인데도 불구하고 말이다.) 왜 수학강사라는 사람이 딴 이야기만 저렇게 늘어놓느냐고 할지도 모른다. 하지만 그의 강의는 그것들이 가장 큰 포인트가 된다. 앞에 자신의 이야기를 하다가 자연스럽게 수업으로 넘어가면서 자칫 밋밋할 수 있는 강의에 조미료를 치는 셈이다. 실제로 그의 강의를 듣는 학생들 중 많은 학생들이 그 포인트에 매료되어 수업을 듣는 경우가 많다고 한다.

그가 이렇게 다른 이야기를 하는 이유가 무엇일까? 사실 고등학생들의 집중력이 길 것 같아도 실제 깊게 집중하는 시간은 30분도 채 되지 않는다. 이 시간 동안 중요한 핵심내용을 전달해야 그 아이들이 재대로 받아들인다는 소리이다. 이는 대부분의 인터넷 강의들이 30-40분으로 끝나는 이유이기도 하다. 이 집중력 시간이 끝나면 그 아이들은 졸거나 딴

짓을 하게 되는데 계속 수업을 유지하게 되면 수업의 효율이 대단히 좋지 않다. 이때 강사가 적절한 타이밍에 자신의 이야기를 풀어가는 것이 포인트다. 내 이야기를 수업에 녹여내어 강의 중간에 환기를 시켜주면 그 이야기를 듣는 동안 아이들은 다시금 집중하게 된다. 강사는 다시 집중된 상태에서 수업을 할 수 있는 시간을 확보할 수 있는 것이다.

보통 아이들을 데리고 수업을 할 때도 이러한 방법을 활용하여 아이들의 집중력을 극대화시킨다. 수업시간이 1타임 당 4시간이면 이 중에서 2시간 정도를 개념강의로 쓴다. 처음 수업을 진행한 후 아이들의 집중력이 떨어졌다고 판단되었을 때 이야기를 풀어냄으로써 학생들의 집중력을 회복시킨다. 이는 바로 다음 내용으로 수업을 쉬지 않고 연결시킬 수 있는 하나의 테크닉이 되는 것이다.

이 방법은 점심시간 직후나 쉬는 시간이 끝난 후 아이들을 집중시킬 때도 사용이 가능하다. 쉬는 시간에 자고 있는 아이가 있을 때는 수업을 바로 시작해서는 안 된다. 졸리거나 집중이 되지 않는 상태로 수업이 진행되기 때문이다. 마치 타자가 준비되지 않은 상태에서 투수가 강속구를 던지는 것과 같다. 따라서 강사는 식전에 에피타이저로 입 안을 풀어주듯 학생들의 정신을 한번 환기시켜준 후 수업을 진행하는 것이 훨씬 효율적이다.

그렇다면 어떠한 주제를 이야기에 담는 것이 좋을까? 사실 주제가 정해지지 않은 이야기를 했을 경우 그 이야기가 흥미가 없어지거나 진부해질 가능성이 있다. 그렇게 되면 아이들이 강사의 말을 잔소리로 듣거나 오히려 이야기로 수업에 흥미를 떨어지는 효과가 생길 수 있다. 그래서 수업 전에 어느 정도의 주제를 정해 둔 상태로 수업에 들어가야 이러한 일이 발생하지 않는다. 내가 수업 전에 하는 이야기의 주제는 크게 4가지이다.

첫째, 강사가 고등학생 때 있었던 경험들을 이야기한다

강사의 과도한 자랑이거나 비현실적인 이야기를 하는 것은 좋지 않다. 대신 그때 했었던 풋풋한 첫사랑 이야기, 학원 땡땡이 친 이야기 등 '나도 너희 때 공부만 했던 건 아니야'류의 이야기를 해주는 편이 아이들에게 좀 더 친근감 있게 다가갈 수 있다. 물론 여기에 강사가 노력했던 점을 덧붙여, "너희도 노력하면 나처럼 될 수 있어!"라는 교훈적인 내용으로 마무리를 지어도 좋다.

둘째, 대학교 때의 캠퍼스 라이프에 대한 이야기를 한다

아이들이 지금 현재 가장 궁금해 하고 흥미로워 하는 소재라 할 수 있다. 고등학생들이 공부를 열심히 하는 이유 중 하나로 '멋진 대학 생활을 위해서'라는 응답이 전체의 80% 이상이 나왔을 정도이다. 자신의 이야기를 약간은 포장해도 좋다. 나의 파란만장한 대학생 시절을 아이들에게 이야기해주어라. 당신의 대학교 스토리는 분명 최고의 호응거리이자 학생들에게 인기강사가 될 수 있다.

셋째, 아이들이 흥미 있는 소재에 대한 이야기감을 준비한다

예를 들자면 사춘기에 있는 남학생들에게는 게임만한 흥미가 없다. 여학생들에게는 연예인 이야기나 연애에 대한 팁 등에 관심이 많은 편이다. 관심이 없다면 인터넷이나 TV 등을 통해 어느 정도 공부해놓는 것도 필요하다. 만약 이 학생이 어떤 아이돌을 좋아하는지까지 파악한다면 그 학생과 소통하는 데 크나큰 도움이 될 것이다.

마지막으로 인생의 선배로서 아이들의 꿈과 미래에 대한 이야기를 해주어라. 내 이야기를 최대한 생생하게 말해주면 더욱 좋다. 단순히 공부뿐 아니라 그들에게 꿈과 희망을 주고 공부를 하는 이유에 대해 스스로 생각해볼 수 있게끔 해준다면 일석이조인 셈이다. 나는 이를 위해 가끔 유튜브에서 좋은 강연이나 동영상을 찾아 프로젝터를 이용해 보여주기도 한다. 그리고 그 강의에 대한 이야기를 짤막하게 아이들에게 해주며 동기부여를 해준다. 단순히 내가 이야기할 때보다 동영상을 통해 보여주면 집중력이 더 높아지고, 동기부여의 효과 또한 극대화된다.

아침드라마는 텔레비전에서 나오는 방송 중 시청률이 제일 좋다. 항상 뻔한 스토리일지라도 많은 사람들이 시청하는 이유는 재미있기 때문이다. 아침드라마를 시청하는 층은 대부분 주부인데, 그들은 드라마를 통해 대리만족을 느끼고 경험해보지 못한 상황에 감정이입을 하기도 한다. 이는 학생들도 마찬가지다. 수업 때 학생들이 강사의 이야기를 통해 새로운 경험에 대한 감정이입을 하게끔 만들어보아야 한다. 그리고 그들이 공부할 수 있게 동기부여를 하여야 한다. 이는 그들의 흥미를 끌 뿐 아니라 공부를 하는 데 큰 추진제 역할을 할 것이다. 이것은 강사가 강의에 이야기를 입히는 것에서부터 시작된다. 지금 바로 강의에 당신의 이야기를 담아라!

04

다른 강사들과
차별화된 상담을 진행해라

대부분의 강사들에게 상담이라고 하면 가장 먼저 떠오르는 이미지는 귀찮음, 어려움, 불편함과 같은 부정적인 이미지일 것이다. 그만큼 많은 강사들에게 있어서 경력이 지나도 쉽지 않은 난제 중 하나이다. 그렇다고 소홀히 하기엔 상담을 어떻게 하느냐에 따라 강의 평가나 재등록률이 달라지기 때문에 간과할 수도 없는 부분이다. 나 같은 경우에도 상담을 매우 중요하게 생각했다. 그래서 학생과 학부모와의 상담을 나만의 5가지 기본 원칙하에 진행해 왔다. 그 5가지 기본 원칙은 다음과 같다.

1. 학부모와 학생 상담은 시험 전후에 필수적으로 실시할 것
2. 과제 수행이 잘되지 않거나 등원이 불규칙한 학생은 무조건 상담을 진행

하여 경고를 준 후, 그럼에도 계속 반복될 경우 퇴원 조치함을 공지할 것

3. 처음 등원하거나 다른 반에서 전반한 학생과 학부모는 첫 달에 적응 정도를 파악 후 2~3번가량 상담을 통해 학부모에게 알릴 것

4. 항시 상담할 때의 아이들의 습관과 약점, 그리고 test 결과를 파악할 수 있게 자료를 데이터화해놓을 것

5. 매주 시험 본 결과와 수업내용, 그리고 과제 수행 정도를 학부모에게 공지할 것

이 원칙들을 지켜가며 상담을 진행한다면 큰 문제 없이 반을 운영해 나갈 수 있을 것이다. 하지만 이 원칙들은 어느 정도 노력하는 강사들이라면 필수적으로 진행하고 있는 상담법들이다. 이렇게만 관리해서는 어딘가 2%가 부족하다. 다른 강사들과는 차별화된 방법으로 상담을 진행해야 학부모와 학생이 큰 만족을 얻을 수 있다. 여기서 나만의 상담 비법을 몇 가지 공개해보려고 한다.

비법 1 : '밴드'를 통해 학부모와 상시 소통하라

요즘 학부모들의 90% 이상이 쓰고 있는 앱이 뭔지 아는가? 바로 '밴드'다. 네이버의 밴드는 많은 소모임이나 동창회, 모임 등에서 1순위로 선호하는 어플리케이션이다. 그만큼 접근성이 좋다는 것을 뜻한다. 이 밴드를 이용하여 각 분반별로 학부모를 초대하라. (학생들은 초대하지 않는 편이 좋다.) 그 초대된 공간에서 매주 학생들의 출결, 성적, 공지사항,

월간 학습계획표 등을 공지해보자. 대부분의 학부모들은 밴드에 올라오는 공지사항이나 출결상황, 그리고 성적데이터를 통해 학생들의 상황을 상시로 살필 수 있다.

간간이 학부모들에게 도움이 되는 글이나 학생들에 대한 칭찬, 좋은 글 등을 올리는 것도 반응이 좋다. 나는 관리하는 반이 많다 보니 일일이 모든 밴드를 직접 관리하지는 못한다. 그렇기에 필요한 데이터들을 입력해두고 아르바이트를 통해 그 데이터를 기반으로 매주 수업 내용과 성적데이터 등을 업로드 하도록 아웃소싱하고 있다. 이에 대한 효과는 엄청나다. 매주 힘들게 문자를 보내거나 전화를 해야 하는 상황을 대체함과 동시에 데이터를 바탕으로 꼭 필요한 학생만 상담을 진행하면 된다. 거기에다 퇴원한 학생의 학부모가 지속적으로 밴드를 모니터링 하게 만들어 퇴원한 학생이 다시 되돌아오게 만드는 효과 또한 만들어낸다. 이 모든 것들은 당신의 작은 노력으로 이루어낼 수 있다. 지금 바로 실행해보자.

비법 2 : 학생의 수준에 맞는 맞춤 상담을 진행한다

등원을 처음 시작했을 때 학생들을 대상으로 상담을 진행하게 되면 이 학생이 실제로 등원할지 안 할지를 그 학생이 결정하게 된다. 이때 이 학생을 상담에서부터 등원으로까지 이끌기 위해서는 이 학생의 성향과 성격, 성적을 파악하여 그에 맞는 맞춤 상담을 진행해야 한다. 우선 학생의 실력이 높지 않고 이전 학원에서 잘 따라오지 못해 학원을 옮겼다면,

가장 자신 있는 단원을 고르게 한 뒤 그 내용에 대한 평가가 이루어지는 것이 가장 좋다. 이런 유형의 학생은 과목에 대한 자신감이 떨어져 있거나 욕심이 없는 경우가 대부분이다. 자신감을 키워주고 '이 학원에서는 내가 해낼 수 있어!'라는 이미지를 전달해야 등원으로 연결될 수 있다.

만약 학생의 실력이 높고 자신감에 차있는 학생이라면 살짝은 기를 꺾어놓을 필요가 있다. 조금 어렵거나 생각을 해야 풀리는 문제의 유형을 준비한 후 테스트를 보게 하라. 그리고 틀린 부분에 대해 최대한 꼼꼼하고 나의 가르침이 잘 나타날 수 있는 풀이를 전수해주어야 한다. 그렇게 진행한 후 이 반의 스케줄과 시스템이 어떻게 되며 그 시스템을 통해 수업을 하게 되면 분명 성적을 올릴 수 있다는 확신을 심어준다. 잘하는 학생의 대부분은 자신이 얻어 갈 것이 있다고 생각하는 학원에 다니는 경향이 있다. 그렇기에 초반 기선제압만 바로 된다면 그 뒤에는 쉽게 등원으로 유도할 수 있다.

비법 3 : 원래 수업시간보다 초과하여 가르침을 강조해보자

학부모 중에는 수업시간에 유독 민감한 학부모들이 많다. 그렇기에 항상 연휴이거나 쉬는 날이 생길 경우 그 시간들에 대한 보상이나 환불을 요구하는 경우가 많다. 혹시라도 수업을 적게 진행하거나 아이들이 일찍 끝났을 경우 그 것을 트집삼아 불만을 표출하는 경우도 적지 않게 봐왔다. 그렇기에 강사는 학부모와 상담함에 있어서 원래 주어진 시간보다 과도하게 봐주고 있음을 강조하여야 한다.

예를 들어, 본 시간을 제외한 다른 시간에 학생을 불러 보충을 진행하였다고 하자. 이것을 학생에게만 알려서 수업을 하는 것은 바보 같은 짓이다. 보충이나 추가적인 수업이 진행될 때는 학부모에게 연락하여 이러한 보강과 보충을 해주고 있음을 항상 명시하여야 한다. 그래야 나중에 탈이 없다. 나의 경우 평일 반 학생의 경우 주말에, 주말 반 학생의 경우 평일에 따로 불러 공부를 시킨다. 이를 학부모들에게 공지하고 이렇게 추가로 공부를 진행시키고 있다는 것을 홍보한다. 학생들이 등원하여 수업을 따로 진행하지 않더라도 학원에 나와서 자습하는 것으로 충분하다. 항상 주어진 시간보다 더 큰 노력을 기울이고 있다는 사실을 명심하고 실행에 옮기면 된다.

비법 4 : 나의 가치를 높이는 상담을 진행하자

상담만 진행하면 기어들어가는 강사들이 많다. 뭐가 그렇게 잘못한 것이 많은 것인지 "죄송합니다"로 시작해서 "죄송합니다"로 상담이 끝난다. 아무리 학생이 시험을 못봤다고 하더라도 당신이 최선을 다했다면 그것은 당신의 탓이 아니다. 굳이 강사가 죄송할 필요는 없다. (만약 죄송할 만한 일을 했다면 문제가 되지만 말이다.) 나는 항상 바쁜 사람이며 가치가 높은 강사임에도 불구하고 아이들을 위해 최선을 다하고 있음을 어필하여야 한다. 그리고 그들이 미안하게 만들자. 바쁜 내가 아이들에게 시간을 쓰고 있음을 죄송하게 하려는 것이다. 그렇게 되면 아이들의 시험결과가 어떠하던 아무런 탈이 없다. 물론 그렇게 되기까지 많은 노력과 소통이 필요한 것은 사실이다. 이를 위해 앞서 이야기한 밴드와 문제가 되는 학생들의 학부모와의 소통을 게을리 하면 안 된다. 절대 미안해하지 말아야 한다. 당신은 최선을 다하고 있지 않는가.

비법 5 : 상담은 어디까지나 보조임을 잊지 말아야 한다

가끔 상담만으로 모든 것을 해결하려 하는 강사들이 있다. 아이들이 성적이 못나온 것을 미리 알리고 결과가 못나와도 상관없다는 듯 이야기한다. 하지만 학생들의 성적을 올리는 것이 강사의 가장 중요한 책무가 아닌가. 상담은 그 목표를 위해 중간점검을 하고 학부모와의 소통을 통해 해결방안을 찾는 보조수단이 되어야 한다. 그리고 학생들의 성적을 올릴 수 있게 강사의 강의 스킬을 업그레이드 시켜야 한다.

앞서 소개한 5가지 기본 상담스킬과 뒤에 이야기한 5가지 비법을 잘 숙지하여 수업에 활용한다면 상담에 관련해서는 학원의 다른 어떤 강사보다 최고의 상담스킬을 가지게 될 것이라 장담한다. 현재 학원에서 나는 가장 어린 강사지만 상담이 들어왔을 때 학생을 놓치는 법이 없는 명사수로 유명하다. 다른 강사들이 20명 중 10명 정도를 신규로 등록시킨다고 하면 나는 20명중 19명 정도를 등록시키는 편이다. 반에 들어온 학생의 퇴원률 또한 10% 이하로 현저히 낮다. 물론 여러 요인들이 있겠지만 나의 상담 스킬의 영향도 매우 크다. 이를 익숙하게 활용한다면 억대 연봉 강사가 될 수 있는 핵심적인 비밀을 습득한 것이다.

05
나만의
수업 시스템을 구축하라

A 강사의 하루는 느지막한 아침 일찍부터 시작된다. 초등학생들은 일찍 수업이 끝나기 때문에 이른 오전부터 초등학생들의 수학 강의를 준비한다. 아이들이 오기 시작하면 본격적으로 수업에 들어간다. 초등학교 수업이 끝난 이후 곧바로 중학교, 고등학교 수업이 있다. 워낙 다양한 아이들이 있기에 때론 반을 합반하여 수업하기도 한다. 이러한 수업을 진행할 때마다 할 일이 너무 많아 힘들지만 자신을 필요로 하는 아이들이기에 열심히 수업한다. 수업을 마치고 수업을 정리할 때면 이미 시간은 10시 반을 넘어 있다. 학원강사란 직업이 보람이 있긴 하지만 이러한 생활을 일주일 내내 하고 나면 몸이 지친다. 언제까지 이렇게 일해야 하나 싶다.

B 강사는 아침 일찍 기상한다. 일어나자마자 하는 일은 내가 운영하는 반의 스케줄을 살피는 일이다. 어떻게 효율적으로 수업을 진행하는지에 대한 구상을 하고 현재 운영하는 다른 학원의 강사들에게 수업진행 스케줄을 보낸다. 낮에는 여유롭게 책을 읽으며 부동산에 대해 공부한다. 이렇게 늦은 오후에 출근하여 아이들의 수업을 들어간다. 하지만 따로 수업을 진행하거나 하지 않는다. 알아서 아이들이 공부를 해오고 준비를 해오기에. B 강사가 해야 되는 건 간간이 아이들이 틀리는 것을 집어주고 시키는 것뿐이다. 이렇게 수업을 마치고 집에 들어간다. 내가 투자한 부동산 시세가 올라 좋은 기분을 가지고 어제 새로 산 와인을 한 잔 따른다. 오늘 하루도 역시나 최고의 날이다.

이 두 가지 사례는 모두 내가 상담했던 강사분들의 실제 이야기이다. A 강사는 현재 평택의 작은 보습학원에서 수학과목에 대한 총괄을 맡고 있다. 분명 열정을 가지고 노력하는 데 비해 얻어가는 페이는 적은 편이다. 반면 B 강사의 경우 강사로서의 시스템이 갖추어져 있다. 크게 노력을 들이지 않아도 알아서 수익 구조가 만들어 진다. 그로 인해 여유 시간에는 부동산 같은 재테크에 신경을 쓸 수 있는 여력이 생긴다. 이 두 사람의 나이는 비슷함에도 격차는 시간이 갈수록 극명하게 벌어질 것은 자명한 사실이다.

나도 현재 수학학원의 강사로 일하면서 학원의 시스템 구축을 위해 많은 노력을 기울여 왔다. 지금은 이러한 시스템이 갖추어진 상태에서 아이들의 수업을 진행해 나가고 있다. 이 시스템 구축을 위한 두 가지 골자는 아이들의 실질적 성적 향상과 효율적인 관리이다. 시스템 구축은 강사가 편하기 위한 수단으로 사용되어서는 안 된다. 이 시스템 안에서 아이들이 철저하게 공부할 수 있는 구조를 만들고 그 구조를 서포트 하면서 학부모와 바로 연결되는 시스템을 구축해야 한다. 이러한 시스템은 단기간에 만들어지지 않는다. 내가 가지고 있는 수업 시스템을 간단하게 소개해 보면 다음과 같다.

첫째, 학생들의 숙제는 책이 아닌 공책에 수행한다

공책에 숙제를 수행하는 이유는 우선 학생이 숙제 한 내용에 대해 점검하기 용이하고, 이를 통해 아이들이 푼 문제에서 어디가 틀렸는지를 잡아내기 편리하다. 숙제는 단순히 문제를 푸는 것뿐만 아니라 푼 문제를 채점하고 채점한 것을 바탕으로 오답까지 해오는 것을 목표로 한다. 이렇게 수업시간에 완성된 숙제를 가지고 오지 않으면 그대로 기록이 되고 부모님께 통보가 되며, 아이들은 남아서 숙제를 하고 귀가하여야 한다. (학원에 12시까지 하는 독서실이 있어 가능한 시스템이기도 하다.)

둘째, 개념서와 뿌리연습서를 선정하여, 시험 전까지 두 문제집을 기반으로 큰 줄기를 형성한다

형성한 줄기를 통해 다른 문제집의 문제들을 연결시키는 작업을 한다. 이를 가지치기라고 한다. 결국 개개인의 메인이 되는 개념서와 뿌리

연습서의 반복 및 완성이 가장 중요한 공부이다. 이것이 어느 정도 수행이 되면 다른 어려운 문제를 풀거나 기출문제를 풀더라도 쉽게 개념서의 내용과 연결할 능력이 생긴다.

셋째, 틀리는 문제가 생길 경우 무조건 그 문제를 개념서 또는 뿌리문제집과 연결시킨다

틀린 문제의 90% 이상은 개념서와 뿌리문제집에 수록되어 있는 문제이다. 그렇지 않은 경우는 틀려도 크게 상관없다고 이야기한다. 큰 줄기에 연결된 문제가 아니기 때문이다.

그래도 중요한 개념의 경우는 수업시간에 개념서에 세부적인 필기를 통해 보강을 해주어야 한다. 자주 나오거나 기출문제로 출제되는 고난도 유형, 혹은 개발해 낸 풀이법이나 개념 등은 아이들에게 꼭 숙지 및 개념서 자체에 필기하도록 시켜야 한다.

넷째, 이렇게 공부가 된 내용들은 개별 학습 계획표를 통해 아이들에게 기록하게 시킨다

이는 아이들이 스스로 자신들의 계획을 작성하고 숙제를 수행해 오는 습관을 만들어준다. 강사는 학생들의 공책을 수거하여 그들의 공책만 검사하면 된다. 숙제를 수행해왔는지도 스스로 기록하게 한다. 처음에 습관이 잡히지 않았을 때는 허위로 기재하기도 한다. 초반에는 강사가 공책검사와 대조해보며 실제로 맞는지 확인해볼 필요가 있다. 나중에는 자동으로 아이들이 스스로 하는 시스템이 구축이 된다. 그렇게 되면 개별 학습계획표를 체크해주고 다음에 해올 숙제를 점검해주는 것만으로 아이들의 공부가 완료된다.

다섯째, 단원의 레벨 테스트 및 실전 테스트를 실시하여 아이들의 성적을 수시로 기록한다

일일 테스트는 단원별 테스트의 관점에서 아이들이 어떤 단원에 어떠한 성취도를 기록하고 있는지 점검할 수 있는 중요한 수단이다. 이를 통해 이 학생이 어느 단원에 취약하고 무엇을 보강해야 하는지 강사가 점검할 수 있다. 또한 실전 테스트를 통해 주어진 시간 안에 시험범위에 해당하는 시험을 효율적으로 볼 수 있게 훈련시켜야 한다. 평소 공부를 잘하던 학생도 시험만 되면 결과가 안좋게 나오는 경우가 있다. 이는 실전 훈련이 제대로 되어 있지 않은 대표적인 케이스라 볼 수 있다.

마지막으로 이렇게 점검된 내용들을 학부모에게 전달해야 한다. 이것이 어찌 보면 가장 핵심이자 포인트라 할 수 있다. 나 같은 경우는 이를 위해 네이버의 '밴드'를 이용한다. 그 이유는 다음과 같다. 우선 대부분의 학부모가 모임이나 동창회 등으로 인해 이미 '밴드'에 가입이 되어 있다. 그렇기에 번거롭게 다시 다운로드를 하고 설치할 필요가 없다. 또한 일주일에 단 한 번만 성적과 진도상황, 그리고 아이들의 출결을 공지하는 것만으로 학부모와의 상담이 최소화된다. 정말 문제가 발생하거나 특별한 케이스일 경우만 통화를 통해 상담하면 된다. 강사는 앞서 얻은

데이터를 '밴드'라는 매개체를 통해 효율적으로 전달하기만 하면 된다.

당신은 하루에 10만원을 벌고 싶은가, 100만원을 벌고 싶은가? 한 번은 삼성 기업의 본사에 가본 적이 있었다. 그곳에는 셀 수 없을 정도로 많은 계열사가 있었고 수많은 사람들이 일사분란하게 일을 처리하고 있었다. 삼성이란 기업이 엄청난 수입을 올리는 이유는 그만큼 철저히 조직화되어 있기 때문일 것이다. 반면 중소기업과 같은 작은 기업에서는 몇 명 되지 않는 직원들이 많은 일들을 맡아 분담하는 경우가 대부분이다. 학원강사 또한 중소기업 같은 시스템이 아닌 대기업의 시스템이 되어야 한다. 각각의 분야에 대해 조직화되고 체계화된 시스템이 필요하다. 그렇게 되었을 때 많은 학생들을 더 효율적으로 관리하고 그 관리한 학생들에게서 효과적인 성적 향상을 볼 수 있을 것이다.

06

아이들의 승부욕을 자극하라

매일 밤 12시 이후만 되면 나의 핸드폰은 매우 바쁘다. 카톡 알람이 계속 울리는 탓에 일찍 잠들었던 하루는 너무 놀라서 깬 적도 있었다. 이런 현상은 특정 요일에 국한되지 않는다. 매일매일 12시만 지나면 울리는 카톡을 보며 흐뭇한 미소로 그날 하루를 마무리한다.

사실 새벽에 오는 카톡들의 정체는 학생들이다. 학생들이 그날 공부한 분량의 내용을 매일매일 얼마나 했는지 나에게 12시 이후 보고하게끔 되어있다. 처음에는 일일이 체크했지만 지금은 딱히 체크하지 않아도 상관없다. 아이들이 알아서 자신들의 공부량을 보내는 데 익숙해졌기 때문이다. 이는 개별 카톡창에서 이루어지지 않는다. 내가 담당하는 반별로 단체 카톡방을 개설하여 그 방에 과제를 올리게끔 이야기해두었

130

다. 그렇게 하다 보니 과제를 제출하지 않는 학생들은 이미 공부를 해가는 아이들을 보고 자극을 받는다. 그렇게 몇 주가 지나자 대부분의 학생들이 과제를 해오게 되었다.

학생들을 공부하게끔 만드는 방법은 여러 가지가 있다. 장기적인 목표와 꿈을 설정하게 하여 꾸준히 공부하게 하기, 동기부여를 통한 자극 주기, 그리고 승부욕을 자극하는 방법 등이다. 그중에서는 단연 승부욕을 자극하여 공부하게 하는 것이 효율성 측면에서 좋다. 목표와 꿈을 설정하게 하는 것은 강사의 노력이 대단히 많이 소요된다. 단기로 설정이 되지도 않는다. 긴 시간 공을 들여 노력을 해야 하는 부분이다.

한편 동기부여를 통한 자극을 주는 것은 짧은 기간 동안 가장 큰 효율로 아이들을 공부하게 하지만 오래 못한다. 대부분 일주일 후면 원래대로 되돌아가게 된다. 이와 다르게 승부욕을 자극하는 방법은 어느 정도 틀만 잡아 놓게 되면 아이들 스스로가 서로의 자극이 될 뿐 아니라 상승효과로 인해 반 전체의 분위기 또한 좋아지게 된다. 이렇게 초반의 반 분위기를 잡아 아이들이 열심히 공부하는 분위기를 만들어 놓으면 새로 들어온 신입생들도 덩달아 공부를 열심히 하게 되는 효과를 얻는다.

사실 이렇게 반 분위기를 잡기까지 많은 시행착오가 있었다. 아이들을 너무 과도하게 경쟁하게 하면 그것에 적응하지 못한 학생들은 퇴원하였다. 대부분의 학생이 경쟁에 참여하여 열심히 하는 형태를 만들고 싶었지만 일부만 참여하는 형태가 되어버린 경우가 대부분이었다. 그래서 찾아낸 방식은 총 3단계를 통해 서서히 구조화시키는 것이었다.

1단계 : 아이들끼리의 친밀도를 높이는 작업

이때 가장 좋은 방법은 아이들끼리 팀별로 게임을 하거나 모르는 아이들끼리 친근감을 유도시켜 서로 간의 친밀도를 쌓게 하는 것이다. 이렇게 되면 아이들의 결속력이 강해져 부적응 퇴원이 줄어들게 된다. 이러한 게임을 통한 팀별 대항을 하게 되면 못하는 학생과 잘하는 학생을 임의로 묶어서 소통할 수 있는 환경을 만들게 된다면 잘하는 학생들이 못하는 학생들을 가르쳐 주는 형태로 공부를 시킬 수도 있다. (예를 들면 문제를 내고 그 문제를 협력해서 풀되, 가장 못하는 학생에게 칠판에 나와 풀이하도록 시킨다. 그렇게 하면 잘하는 학생이 자연스레 못하는 학생에게 가르쳐주게 된다.)

2단계 : 보상을 통해 아이들의 동기를 유도하는 방법

나는 학생들에게 칭찬쿠폰을 제작하여 숙제나 과제를 잘 수행해 왔을 때 나누어 준다. 이렇게 받은 칭찬쿠폰은 모아서 문화상품권으로 교환하거나 먹을 것으로 교환하거나 문구류 등을 뽑는 용도로 사용이 가능하다.(이는 4장에서 좀 더 자세하게 다루도록 하겠다.)

동물원에서 동물들이 조련사의 구호에 따라 일어서거나 특정 행동을 하는 신기한 광경을 본 적이 있을 것이다. 동물들이 이러한 특정 행동을 하는 이유는 그런 행동을 하였을 때 조련사가 먹이를 계속해서 주었기 때문이다. 그러다 자연스럽게 그 행동이 몸에 익게 되었고, 그로 인해 그런 독특한 행동을 할 수 있게 된 것이다. 학생들도 비슷하다. 처음에 공부를 하고자 하려는 마음이 크지 않을 때에는 어느 정도 포상을 통해 공부를 하게 하는 동기를 일으켜야 한다. 그런 후 조금씩 그 포상을 줄여도 상관없다. 결국 공부를 하는 방향으로 나아가고 있으면 관성이 붙고 습관이 되어 계속 할 수 있는 힘이 생기기 때문이다.

3단계 : 아이들이 과제 해오는 것을 경쟁에 붙이는 단계

학생들에게 하루하루 무슨 공부를 할 것인가에 대해 주간 계획표를 작성하게 시킨다. 그리고 나서 그 계획표를 수행한 결과를 늦어도 새벽 2시까지 전송하라 해보자. 그렇게 하면 학생들은 자신들이 공부한 결과를 전송하게 되고 그것을 본 학생들은 서로 자극이 되어 공부를 하는 효과를 가져오게 된다.

처음에 시작할 때에는 살짝 무리하게 '과제를 내주고 다 해오면 문화상품권을 준다'라는 식의 이벤트를 해보는 것도 나쁘지 않다. 그렇게 첫 주에 자극을 시키다 보면 많은 학생들이 과제를 수행하게 되고 그 다음 주에도 습관이 된 학생들은 따로 상품이 걸려있지 않더라도 과제를 하게 되는 것이다.

한 가지 팁을 주자면 학생들 사이에 묘한 흐름을 잘 읽게 되면 라이벌 관계를 만들어서 한 학생의 승부욕을 자극하는 방법도 있다. 이 방법을 잘 사용하게 되면 대상이 되는 두 학생뿐 아니라 그것을 바라보는 다른 학생들도 덩달아 성적이 오르는 효과를 얻을 수 있다. 주의할 점은 너무 과도한 경쟁을 붙여 반 분위기가 흐려질 가능성이 있기 때문에 앞서 이야기한 1,2 단계가 어느 정도 수행된 이후 진행하는 것이 좋다.

고등학교 시절, 나에게 있어 라이벌 관계였던 동갑내기 친척동생이 하나 있었다. 그 동생은 항상 나보다 한 발 앞서 무언가를 해냈다. 내가 특목고에 진학을 못했을 때 특목고에 진학하고 고려대에 합격했을 때 서울대에 합격하였다. 그 동생 때문에 외갓집에 가는 것을 싫어할 정도 였다. 항상 동생에게 지는 것이 억울해서였을 것이다. 하지만 그 자극으로 인해 나는 더욱 치열하게 노력했고 내가 원하는 학교 학과에 입학할 수 있었다. 그 이후에도 그때 노력한 것을 바탕으로 나만의 길을 찾아 나아갈 수 있게 된 것이다. 결국 나는 그 동생으로 인해 긍정적인 형태의 동력을 얻게 된 것이라 할 수 있다.

학생들은 기본적으로 승부욕이 강하다. 축구를 좋아하고, 게임에서 이기는 것을 즐기며, 무언가에 질투를 느끼는 것들이 다 그러하다. 이러한 감정들을 적절히 조절하여 강사가 수업에 적용시킬 수 있다면 아이들이 공부를 하게끔 하는 동기부여에 분명 크나큰 전력이 될 것이다.

07

자기관리를 철저히 하는
강사가 되어라

강사의 생명은 체력이라는 이야기를 아는가? 강사라는 직업은 생각보다 극한 직업이다. 특히 겨울방학 때에는 다른 어떤 직업보다 체력소모가 심한 직업군이다. 우리 학원 같은 경우도 수업이 많은 방학 때에는 쉬는 날 없이 아침 9시부터 저녁 10시까지 수업이 있기도 했다. 이때 체력관리가 제대로 되어 있지 않아 몸이 아프거나 힘들어하는 강사가 많을 수밖에 없다. 이뿐인가? 강사는 항상 학부모와 직장, 그리고 학생들에게 심적으로 많은 스트레스를 받는 직업이다. 이러한 스트레스와 걱정을 직접적으로 받는다면 아마 몸이 버텨내지 못할 것이다. 이때 몸을 지키는 것은 평소의 자기관리에서부터 나온다고 할 수 있다.

1년 전부터 나는 매주 헬스클럽에 다니기 시작했다. 바쁜 일과 안에서 운동을 하는 것은 체력적으로 더 힘든 일이라고 생각할지도 모른다. 하지만 매일 시간을 쪼개서 규칙적으로 운동을 하게 되면 몸의 상태가 개운해 질 뿐 아니라 정신도 맑아짐을 느낀다. 일반적으로 출근하기 1시간 전에 헬스장을 찾는 편이다. 그럼 나의 전용 헬스트레이너가 나의 운동 스케줄을 점검해 준다. 사실 좀 비쌀지도 모르지만 이렇게 운동함으로서 좀 더 짧은 시간동안 효율적으로 운동 할 수 있게끔 하는 것이 더 이득이란 사실을 아는가?

성공한 CEO나 임원들을 보면 공통점이 있다. 그들 모두 꾸준히 운동을 한다는 것이다. 바쁜 일정 내에서도 등산을 하거나 아침조깅, 골프, 헬스 등을 게을리하지 않는다. 또한 운동하는 시간에도 시간을 낭비하지 않는다. 철저하게 계획된 시간 내에서 규칙적으로 운동하고, 그 이후의 일정에 지장이 되지 않게 계획한다. 이렇게 하는 까닭은 운동이라는 요소가 그들의 일과에 있어서 충분히 가치 있는 일이기 때문이다.

이렇게 규칙적인 운동을 하게 되면 얻는 이점은 매우 많다. 우선 수업 때 체력적인 보강이 많이 된다. 나는 주말에 주로 오전 10시부터 오후 10시까지 수업을 하는 편이다. 운동을 시작하기 전까지만 해도 이 시간은 너무도 힘든 시간들이었다. 하지만 운동을 한 후에는 10시 수업이 끝난 이후에도 계획을 세우거나 책을 읽는 등 나만의 시간을 가진다. 그만큼 체력적인 보강이 되었다는 뜻이다. 또한 운동을 하면서 머리의 잡생각들을 정리할 수 있는 시간을 가질 수 있다. 체력적인 운동을 하면서 몸이 힘들어 지면 상대적으로 뇌는 근육 쪽으로 많은 양의 혈류를 흘려보낸다. 그러면 자연스레 머릿속에 있었던 잡생각들이나 걱정들이 해소되는 현상을 많이 겪었다. 걱정이 많으면 운동을 하라. 그 불안한 생각들이 자연스레 해결되는 효과를 볼 것이다.

강의를 하며 그날의 기분이나 상태에 따라 강의의 형태가 바뀌는 강사들을 많이 보았다. 나만 해도 그날그날에 따라 아이들을 가르치는 태도가 달라지던 때가 있었다. 예를 들면 여자친구와 싸우고 난 뒤 수업에 들어가게 되었다고 생각해 보자. 그 화나는 기분이 수업 때까지 남아있다면 수업의 진행이 매끄럽지 못하는 것은 당연하다.

부인과의 사이가 좋지 않은 한 강사가 있었다. 그 강사는 그날 상태만 봐도 전날 밤 무슨 일이 있었는지 단번에 알 수 있었다. 싸웠던 날에는 기분이 안좋다는 것을 누구도 알 수 있게끔 그의 표정과 행동으로 나타났다. 그런 날은 학생들뿐만 아니라 다른 강사들까지도 그 강사를 슬슬 피했다. 또 기분이 좋을 때는 상황이 180도로 바뀌었다. 뭐가 그렇게 좋은지 항상 웃는 얼굴로 인사를 하면 다른 사람들은 그때서야 안도를 한다. '오늘은 다행히 아무 일도 없었구나.'

'포커페이스'라는 것을 아는가? 카지노에서 포커를 하는 사람이 자신의 패를 숨기기 위해 표정을 바꾸지 않고 일관된 표정을 유지하는 것을 말한다. 일상에서는 좋은 일이 있던지 나쁜 일이 있던지 일관성 있는 사람들을 가리킨다. 강사는 강의를 하는 데 있어서 포커페이스를 유지해야 한다. 그날의 기분에 따라 학생들을 가르치는 태도가 달라져서는 안 된다. 그렇게 하려면 자신의 감정을 컨트롤 하는 방법에 대해 연습하는 것이 매우 중요하다.

나의 경우 나만의 자기관리법을 통해 감정을 조절하는 방법을 습득한 이후, 무슨 일이 생기던 간에 그 감정을 컨트롤 하고 수업을 하는 데 있어서 완벽한 포커페이스가 되는 편이다. 이는 데일 카네기Dale Carnegie의 말들이 큰 도움이 되었다.

그가 했던 말 중에 가장 유명한 말이 하나 있다.

'운명이 신 레몬을 주면 레몬에이드를 만들려고 노력해라.'

즉, 운명이 아무리 나에게 신 레몬이란 걱정거리를 주더라도 그 걱정을 갈아서 맛있고 단 레몬에이드를 만들라는 이야기이다. 보통 대부분의 사람들은 신 레몬을 받아 그 레몬을 어떻게 처리할까에 대해 급급하다. 이것을 달게 만드는 방법 자체를 생각하지 않고 그저 신 레몬이 걱정이 되어 그것 자체로 시간을 낭비한다. 지금 바로 그 레몬을 갈아서 먹기 좋게 만들어보자. 만약 그것이 지금 불가능한 일이라면 신 레몬은 잠시 잊고 있어도 좋다.

데일 카네기는 그의 저서《자기관리론》에서 "자기관리의 기본은 오늘을 충실히 생활하는 것이며, 미래에 대해 마음을 옥죄지 말고 그날 하루만 생각해라"라고 말한다. 사람들은 90% 이상이 지금 할 필요가 없는 걱정을 하고 있다는 연구결과도 있다. 이처럼 굳이 하지 않아도 될 걱정을 하며 자신을 옭아매는 일은 대단히 비효율적이다. 그럴 시간에 오늘에 충실해야 한다. 스트레스를 받을 시간에 즐거움을 상상해보자.

자기관리의 기본은 정신이다. 정신이 얼마나 맑고 깨끗한지에 따라 그날의 상황이나 감정, 하루가 바뀔 수 있다. 이는 꾸준한 운동을 통해서도 충분히 해소될 수 있다. 꾸준한 운동은 생각을 맑게 해줄 뿐 아니라 체력을 길러줌으로써 강사가 수업을 하는 데 큰 도움을 준다.

또한 '끌어당김의 법칙'을 적절하게 이용해야 한다. 끌어당김의 법칙이란 내가 상상하는 상황이 어떠한 형태로든 실제로 이루어진다는 법칙이다. 지금 당신이 가지고 있는 걱정들의 대부분이 지금 해결될 수 없거나 굳이 할 필요가 없는 것들이라면, 굳이 부정적인 일을 생각해서 나에게 끌어들이지 말아야 한다. 대신 그 일들이 다 잘 풀릴 것이라고 생각해 버리자. 부정적인 생각은 부정적인 일을 끌어오지만 긍정적인 생각은 더 큰 행운을 끌어들이기 때문이다. 이것은 결국 자기관리의 핵심이자 해결책이다.

08

퍼스널 브랜딩을 하라

지금 당신이 살고 있는 삶은 특별한가? 아마 대답은 "no"일 것이다. 평범한 맨밥 같은 인생에 중요한 비밀소스를 넣어 특별한 인생으로 성공한 케이스가 있다. 바로 책쓰기 코치로 성공가도를 달리고 있는 1인 기업가 김태광 코치이다. 〈한국책쓰기협회〉의 대표가 되었고, 책을 쓰는 것에 멈추지 않고 많은 작가를 양성하는 책쓰기 코치로서 활동하고 있다. 그는 책쓰기로 인해 평범한 인생이 영화 같은 드라마틱한 인생으로 탈바꿈하였다고 이야기한다. 실제로 평범하기만 했던 그가 책을 쓰면서 엄청난 성공을 거두었고 월 억대 수입을 올리고 있는 성공적인 1인 기업가로 우뚝 섰다. 그는 많은 성공하고자 하는 사람들의 멘토로서 지금도 많은 사람들에게 선한 영향력을 행사하고 있다.

그의 책《이젠 책쓰기가 답이다》에서는 평범한 사람일수록 책을 써서 성공해야 한다고 말한다. 그 말이 사실임은 나의 변화를 통해 증명이 되고 있다. 예전에는 항상 남의 일이라 생각했던 많은 일들이 책을 쓰고 난 후에는 실제로 나의 앞에서 하나 둘씩 현실이 되었던 것이다.

학원강사를 시작하고 나서 치열한 경쟁으로 인해 한때 나의 성공은 회의적이었다. 하지만 책을 쓰자 나의 가슴이 두근거림이 느껴졌다. 밑바닥이었던 자신감이 점차 하늘 위로 치솟는 것이 느껴졌다. 책의 출간을 준비하면서도 엄청나게 많은 변화를 겪었다. 강의를 듣는 학생 수가 그전보다 많이 늘었을 뿐 아니라 억대연봉 강사로서 다른 강사를 코칭하는 코치로 많은 강사들을 컨설팅 해주고 있다.

나의 최적화된 블로그와 카페에 많은 사람들이 들어오면서 나에게 컨설팅을 받으며 많은 도움을 얻어가고 있다. 책을 쓰기 전 학생 하나하나의 퇴원에 희비가 갈리던 그때의 내 모습은 사라져버렸다. 나는 책을 써서 성공했고 지금도 더욱 크게 성공하는 중이다.

학원강사 중에서도 책쓰기를 통해 성공한 케이스가 있다. 바로《삼성맨에서 억대연봉 수학강사가 되었다》의 김홍석 작가이다. 김홍석 작가는 몇 년 전까지만 해도 분당 수학학원의 남들보다 조금 잘나가는 수학강사였다. 그는 아이들을 가르치는 것에서 자신이 알고 있는 강사로서의 성공의식을 다른 강사들에게 가르쳐야겠다는 소명의식을 느꼈다고 한다. 그렇게 그는 책을 집필했고, 작가이자 강사 코칭 전문가로 거듭났다. 그가 운영하는 〈한국강사코칭협회〉는 현재 많은 강사들이 성공하기 위해 거쳐야 하는 필수 코스가 되었다.

그의 강사로서의 의식은 나를 많은 부분 바꾸어 놓는 데 큰 역할을 했다. 단순히 강사로서의 삶이 아닌 내가 가지고 있는 많은 내용을 남들에게 전달해주는 메신저로의 삶을 살아야겠다는 새로운 비전을 가지게 되었다. 사실 학원강사로서 억대연봉의 연봉을 받는 것은 강사의 의식만 재대로 잡혀있다면 어렵지 않은 일이다. 하지만 이러한 억대연봉 강사를 만드는 것은 단순히 내가 억대연봉 강사가 되는 이상의 어려운 일이다. 하지만 이러한 것들을 가르쳐 주는 곳이 단 한 군데도 없는 것이 아닌가? 김홍석 작가는 이러한 역할을 주도한 선구자였다. 이는 나를 비롯한 많은 강사들의 의식을 확장하고 성공적인 강사로 나아가는 데 있어 크나큰 촉매 역할을 했다.

한편 나와 더불어 책을 써서 함께 1등 강사의 길로 진입한 강사가 있다. 이 강사 또한 김홍석 작가의 에너지에 매료되어 현재 가지고 있는 기술과 지식을 남들에게 전달하자고 결심하게 된 허갑재 강사이다. 그는 어렸을 적부터 강사가 되고자 하는 꿈을 꾸었다고 한다. 하지만 현실의 벽에 부딪혀 학원강사가 아닌 대기업 '코오롱'의 사원으로 시간을 보내야만 했다. 그러던 어느 날 그는 김홍석 작가의 책을 보게 되었고 그 길로 남들이 부러워하는 대기업을 박차고 나와 학원강사의 길로 접어들었다.

그렇게 시작하게 된 그의 학원생활은 순조롭지만은 않았다. 하지만 강사 코치를 만나 컨설팅을 받고 난 후, 그는 자신의 끼와 열정을 이용하였다. 더불어 관리력까지 추가하자 점차적으로 학생들의 인기를 독차지하기 시작했다. 강사가 된 지 단 3개월 만에 학원 원장과의 협상을 통해 1타 강사로서의 입지를 다지기도 하였다. 그랬던 그는 더 높은 목표를 향해 달리다가 나와 우연한 기회에 만나게 되었다. 이날 이후 나와 허갑재 강사의 '작가 되기 프로젝트'가 시작되었다.

사실 처음부터 작가가 되려고 마음먹은 것은 아니었다. 다른 강사들의 성공을 도와주는 메신저의 역할을 하자고 노력한 결과, 그러기 위해서는 책쓰기가 선행되어야 한다는 결론에 도달하게 된 것이다. 이렇게 마음이 맞게 된 나와 허갑재 강사는 앞서 소개한 김태광 코치의 카페인 〈한국 책쓰기 1인창업코칭협회〉의 책쓰기 강의를 수강하게 되었다.

책을 쓰면서 어떻게 억대연봉의 수학강사가 되고, 강사로서의 성공에 보탬이 되느냐 궁금해 하는 독자들이 많을 거라 생각한다. 결국 중요한 것은 책쓰기를 하고 나서 강사로서의 의식뿐 아니라 나오는 결과물 또한 훨씬 더 좋아졌다는 사실이다.

사람은 없는 시간을 효율적으로 사용할 때가 넉넉한 시간을 사용할 때보다 더 효율적이라고 한다. 시골의사로 잘 알려진 박경철 작가의 책에서 '시간의 가치라는 것은 직선이 아니라 곡선'이라고 이야기한다. 즉, 시간이란 그 시간을 쓰는 사람이 어떻게 쓰느냐에 따라 길어지기도 하고 줄어들기도 한다는 의미이다.

예를 들어, 당신이 지금 텔레비전에서 재미있는 올림픽 경기를 보고 있다고 생각해보자. 그 시간이 1시간이라 가정한다면, 아마 잠깐 사이에 경기는 끝이 나 있을 것이다. 당신은 멍하니 TV를 쳐다보면서 지나가는 시간을 그대로 사용해버린 것이다. 하지만 그 1시간이라는 시간을 당신이 공부를 하는 데 사용했다고 생각해 보자. 그 시간이 밀도 있게 지나갔다면 당신은 아마 제대로 공부를 하고 있는 거라 생각해도 된다. 이처럼 시간은 누구든 압축하고 집중력을 높여 밀도 있게 사용할 수 있는 것이다. 즉 시간은 없을 때 더 효율적이게 되며, 그로 인해 내가 할 수 있는 일은 더욱더 많아진다.

매년 나는 연초가 가장 바쁘다. 한 달여 간의 특강기간 동안 종일 학원에서 아이들의 특강수업과 정규수업을 진행해야 하기 때문이다. 그럼에도 불구하고 2018년 1월은 나에게 있어서 가장 밀도 있고 효율적인 시간을 사용한 의미 있는 해였다. 그전이었으면 수업 후 피곤함에 바로 잠자리에 들었을 법도 한데 목표가 생기자 악착같이 여러 일에 동시에 몰두하기 시작했다. 그렇게 한 달이 지난 후 되돌아보니 내 인생에 있어서 가장 밀도 있었던 달로 기억되었다. 그때 해놓은 많은 것들이 내가 책을 출간하는 데 있어서 큰 초석이 되었다.

학원강사가 아직도 책쓰기라는 것에 관련 없다고 생각하는가? 지금도 나를 비롯한 많은 강사들이 퍼스널 브랜딩을 통해 성공을 만들어내고 있다. 앞서 이야기 한 김홍석 작가와 허갑재 작가가 그러하고 나또한 그러하다. 책을 써서 당신을 퍼스널 브랜딩 하라. 그리고 자신의 강의와 지식, 수업 기술을 확장하라. 당신의 좁은 바늘구멍 같은 성공의 길이 터널 같이 뻥 뚫리는 것을 느낄 수 있을 것이다. 지금 이 순간에도 명심해라. 누군가는 책을 써서 억대연봉 강사, 아니 그 이상을 위해 앞서 나아가고 있다는 것을.

Teaching Technics 10

1. 아이들의 수준을 파악하라

상 : 개념은 짧게 핵심포인트를 집고 아이들이 모를 만한 테크닉적인 요소들을 수업에 배치. 문제풀이의 다양성과 많이 실수할 수 있는 부분들을 집어주는 수업이 핵심

중 : 개념강의를 최대한 정확하게 수행하는 것이 중요, 가장 실수하는 것이 개념강의보다 문제풀이만 시키게 되는 경우가 있는데 이때 개념은 잘 알지 못하는 채로 대부분의 학생들이 문제풀이법만 익히게 되어 응용이 안됨, 숙제 검사 및 test를 통해 중간점검을 철저히 해야함

하 : 이 경우 하루에 하나의 새로운 개념을 익히게 하자 ! 라는 생각으로 공부를 시키는 것이 중요. 수업도 중요하지만 동기부여나 새로운 흥밋거리, 또한 즐거울 수 있는 요소들을 수업에 많이 삽입하여 아이들이 흥미를 잃지 않게 하며 동기부여를 통해 공부를 해야 하는 이유에 대해 스스로 납득하게 해야 함. 과제량이 많지 않게 스스로 해왔을 때 보상을 해 주는 방안을 고려해 보아야 함.

2. 과장되게 표현하라

수업에 기본적인 개념들을 설명할 때 **"무조건!"**, **"이거 분명 시험에 나와!"**,

"이거 모르면 100% 재수다!", **"수학 모든 개념 중 가장 중요한 거야!"**라는

식의 표현을 자주 사용해주어야 한다. 아이들의 집중력이 확연히 높아지는

효과를 얻을 수 있다.

"이것만 안다면 무조건 100% 억대연봉 강사가 될 수 있습니다. 주목하시죠!"

3. 자연스러운 비유는 과목을 흥미로운 이야깃거리로 만든다

예) 일반각에 2호선 지하철을 비유하기

    파푸스 중선 정리에 스키장을 비유하기

    로그 성질에 통나무 타기를 비유하기

    원과 원의 관계에 연애를 비유하기

    집합에서 원소를 연예인들로 비유하기

    가우스함수 설명 시 게임 레벨에 비유하기

    집합의 분할 공식에 공대 여신을 비유하기

4. 아이들에게 내 수업은 최고의 수업이 되어야 한다

철저한 수업 준비도 필요하지만 내 강의가 최고임을 아이들에게 지속적으로 어필 해야 한다. 객관적인 증거를 통해서 혹은 "**야, 쌤이 지금부터 가르쳐 주는 것은 아무도 모르는 거야. 내가 만든 비법인데 너희니까 내가 공개한다. 절대 아무 데도 공개하면 안 된다!**"라고 하는 등 내 자랑을 해야 한다. 스스로의 가치를 높여야 아이들이 그 가치를 알아본다.

1:1 수업은 지양해야 한다. 개인수업에서 강사의 가치가 낮아질 우려가 있다. 어쩔 수 없이 해야 할 때에는 개인 수업을 듣는 학생에게 수업을 듣는 것이 행운임을 강조해야 한다.

5. 판서의 배치

· 중앙 정리형

개념을 한 번 전부 끝낸 후, 시험기간에 단원을 전반적으로 정리할 때 유용하다. 일반적으로 마인드맵형이라고 일컫는다.

· 목록 정리형

가장 일반적인 판서법. 수업할 내용의 제목을 왼쪽 상단에, 오늘 해야 하는 단원명을 왼쪽 하단에 적는다. 목록을 놔둔 채 나머지 내용부터 판서를 시작한다.

6. 강의 중 실수를 했을 때 적절하게 대처하기

- **뻔뻔형**

"원숭이도 나무에서 떨어지는데 쌤이라고 틀리지 말란 법 있니?"

- **아이들 탓으로 넘기기**

"쌤이 지금 이렇게 잘못 풀어가고 있는데 너희가 못 찾아낼 줄 알았다. 봐, 이렇게 수업을 들으면 안 돼! 수업하면서도 집중하면서, 뭐가 맞는지 걸러 내면서 들어야지!"

- **상황 변경형**

갑자기 화장실을 다녀온다던지, "날도 더운데 아이스크림 좀 먹고 시작하자!" 등의 환기성 멘트와 함께 잠시 그 시간을 넘기는 방법

7. 아이들 스스로 공부하게 하는 법

아이들이 스스로 공부하도록 하기 위해서는 강사의 지속적인 동기부여가 필요하다.

동기부여 동영상 보여주기

https://youtu.be/NwBP6GqDVvA

8. 게임을 통해 아이들의 수업 참여도를 높여라

- 흥미를 끌 수 있는 게임들을 수업 내용과 연관시켜 준비한다.
- 잘하는 친구와 잘 못하는 친구가 섞여 있을 시 팀플레이 위주의 게임으로 서로 협력하고 친해지도록 돕는다. **예) 빙고, 귀가게임, 팀플 매치, 폭탄 게임 등**

9. 고난도 문제는 다양한 풀이와 개연성 있는 풀이를 병행하라

어려운 문제를 잘 푼다고 해서 다 되는 것은 아니다. 획기적인 풀이와 아이들이 가장 쉽게 접근할 수 있는 개연성 있는 풀이가 병행되어야 한다. 획기적인 풀이를 뒷부분에 배치하거나 상위권이 아닐 시에는 배제한다. 첫 수업이나 임팩트가 필요한 수업에서는 과감한 풀이를 많이 보여주는 것이 필요하다.

10. 학생이 가르치게끔 하라 —거꾸로 학습

학생이 수업에서 배운 개념들을 직접 설명하게끔 하여, 다른 학생들 앞에서 그 내용에 대해 수업하게 하라. 상을 걸거나 특정 조건을 건다면 좀 더 활동적으로 참여할 수 있을 것이다.

이러한 수업은 아이들 스스로 적극적으로 참여하는 분위기를 만들고 수업이 좀 더 재미있게 느껴지도록 만드는 등 많은 긍정적인 효과들이 창출된다.

억대연봉
강사의
실전 수업 비법

01

수업의 중심은
학생이다

학원에서 수업과 개별 자습을 어느 정도의 비중으로 해야 하느냐에 대해 논쟁이 벌어진 적이 있다. 이때 나왔던 대화 중 일부를 소개해보려고 한다.

"수업을 많이 하려고 하지 말고 학생들과 교감을 하는 관리 위주의 수업을 해야 합니다."

"강사는 수업만 잘하면 되지 않겠습니까, 어차피 아이들은 학원에 새로운 것을 배우러 오는 것이지, 자습하려고 학원에 오는 것이 아닙니다."

"물론 아이들이 자습만을 위해 학원에 오는 것은 아니겠지요. 하지만 학생 개개인은 다르기에 그들 각자의 상황에 맞추어 수업하기 위해서는 수업을 줄이고 학생 개개의 상황에 맞게 관리를 하여야 합니다."

"그렇다 하더라도 같은 내용에 대하여 수업하는데 그 내용을 10명 모두에게 동일하게 설명하는 것은 비효율적이지 않을까요. 그러한 시간을 줄이고 수업을 완성도 있게 해서 아이들이 학원에서 쓰는 시간을 좀 더 효율적으로 만들어야 합니다."

이 상황에 나오는 두 강사는 극단적으로 수업의 방향이 달랐다. A 강사는 수업시간 4시간의 대부분을 판서수업으로 진행하는 '수업파' 강사라면, B 강사는 판서수업 없이 100% 개별 관리를 진행하는 '관리파' 강사였다.

당신은 두 강사 중 어느 강사의 이야기가 맞다고 생각하는가? 사실 한쪽으로 치우친 강의보다 판서강의와 개별관리가 적당히 융합되는 것이 가장 좋은 선택이다. 마치 소주와 맥주가 적당한 비율로 들어갔을 때 '소맥'이라는 술로 제조되듯 말이다. 두 가지 재료를 적당한 비율로 섞어서 수업을 진행했을 때 비로소 최적의 효과를 가지고 온다.

하지만 여기에 절대로 놓치면 안 될 것이 한 가지 있다. 수업이 되었든 개별관리가 되든 간에 그 중심에는 그 반의 학생들이 있어야 한다. 관리와 수업의 비중은 사실 수업을 진행하는 학생에 따라서 얼마든지 비율이 바뀔 수 있다. 나 또한 수업하는 반이 어떤 반이냐에 따라 두 요소의 비율을 다르게 조절하여 수업한다.

만약 학생들의 수준이 높고 개별적인 격차가 적으면 그 학생들이 동시에 이해할 수 있는 범위의 레벨로 맞추어 수업을 구성한다. 이때는 주로 판서수업 위주의 강의를 진행하는 편이다. 이렇게 수업을 하게 되면 다음과 같은 이점이 있다.

첫째, 임팩트 있는 수업을 통해 강사를 매력적으로 어필 할 수 있다

이렇게 수업에서 강한 인상을 심어주게 되면 아이들은 좀 더 강사를 믿고 따르게 된다. 둘째, 효율적인 구성이 가능하다. 아이들에게 개별적으로 들어가는 시간은 적지 않다. 때문에 아이들에게 드는 시간이 줄어드는 편이다.

하지만 학생들의 공통적인 부분을 캐치하고 그에 맞추어 수업을 진행하게 되면 이런 단점들을 보완할 수 있다. 하지만 그렇다 하더라도 너무 판서강의에만 치중하여선 안 된다. 아무리 수준이 비슷하다 하여도 학생들은 각각 전혀 다른 객체다. 그렇기에 테스트를 보거나 질문을 통해 잘 따라오고 있는지 상시 점검하여야 한다. 개별적인 상담을 통해 실제 상태를 좀 더 정확히 진단하는 것도 좋다. 이렇게 점검을 해보면 잘 따라오지 못하는 학생은 둘 중 하나다. 너무나 수준 격차가 커서 따라오는 것이 무리가 되거나, 어느 정도 추가로 도와주면 따라올 수 있는 학생이다.

전자의 경우는 다른 반으로 재빠르게 옮겨야 문제가 생기지 않는다. 후자의 경우는 개별적인 케어를 강화하거나, 추가로 불러서 보강을 하고 동기부여를 시켜줄 필요가 있다. 이렇게 철저하게 판서강의가 학생 중심으로 돌아갔을 때, 더 완벽하고 매끄러운 강의가 완성된다.

대부분의 소형학원이나 보습학원은 앞서 말한 상황과 맞지 않는 경우가 많다. 한 명이라도 더 받기 위해 수준이 맞지 않는 학생들을 모아놓고 수업을 하는 일이 많기 때문이다. 이럴 때는 철저히 개인적인 케어에 비중을 대폭 늘려야 한다. 극단적으로 지금 내가 맡고 있는 가장 낮은 반 학생들은 수업을 거의 진행하지 않는다. 수업시간 4시간 중 판서수업을 하는 시간은 30분이 채 되지 않는다. 대신 아이들에게 개별적으로 과제를 내주고 숙제를 점검하며 모르는 개념을 각자 설명해준다. 이렇게 했을 때 훨씬 더 학생들에게 큰 효과가 있기 때문이다. 이러한 형태의 수업이 효율적인 이유는 두 가지다.

먼저, 판서수업은 넓은 학생들을 수용하지 못한다. 분명히 따라오지 못하는 학생이나 수업을 너무 쉽게 생각하는 학생이 발생할 수밖에 없다. 그렇기에 개별적인 케어를 통해 수준이 맞지 않는 학생들에 대한 관리가 필수적이다.

둘째, 성적이 부진한 학생들은 수업에서 모르는 것을 절대로 말하지 않는다 모르는 것을 부끄러운 것으로 인지하기 때문이다. 실제로 잘하는 학생과 못하는 학생을 함께 두고 수업을 진행하다 보면 성적이 떨어지는 학생들의 수업 참여도가 현저히 떨어짐을 볼 수 있다. 이런 것을 캐치하지 못하고 넘어간다면 안좋은 성적으로 이어질 요량이 크다. 그렇기에 개별적인 케어를 통해 모르는 것들을 유도해내고 그것을 하나하나 점검하는 스킬이 필요하다. 소심하여 말을 잘하지 못하는 아이들은 공책에 어떤 것을 모르는지 써보라고 하는 것도 한 가지 방도가 될 수 있다. 이렇게 확인된 학생들의 특성들은 기록해두었다가 상담이나 수업 시에 활용해야 한다. 가끔 학부모도 모르는 학생의 특징들을 캐치해서 상담을 드리게 되면 학부모에게 무한한 신뢰를 얻을 기회가 만들어 지기도 한다.

결국 수업을 어떻게 진행하느냐 하는 것은 강사가 결정해야 할 사항은 아니다. 수업을 진행하는 학생이 누구냐에 따라 유동적으로 바뀌어야 하는 것이다. 강사 위주로 수업을 진행하는 것은 절대로 좋은 수업이 될 수 없다. 학생을 먼저 보라. 그 학생이 효율적인 공부가 되기 위해 가장 필요한 것이 무엇인지를 찬찬히 살펴라.

나도 처음 강의했을 때에는 나를 위한 수업을 많이 진행했던 것 같다. 그래서였을까, 아이들이 점차 나의 수업을 어려워하고 힘들어 한다는 사실을 미처 캐치하지 못하였다. 당신은 그러한 실수를 반복하지 마라. 가장 먼저 학생을 살피고 그들이 원하는 바를 찾아내어야 한다. 항상 학생이 중심이라는 사실을 절대로 잊어서는 안 된다.

02

호기심과 동기를
이끌어내라

　지금 두 개의 선물상자가 있다고 가정해보자. 한 박스는 투명한 선물상자 안에 생일을 축하하는 케이크가 들어 있고 다른 박스는 물음표 표시가 되어 있는 불투명한 선물상자다. 이 두 개의 상자 중 어떤 상자를 택하고 싶은가?

　대부분의 사람들은 투명한 상자가 아닌 불투명한 상자를 택한다고 한다. 내가 이미 알고 있는 선물보다 무엇인지 알지 못하는 선물을 더 원하는 것이다. 이는 인간이 가지고 있는 호기심 때문이다. 내가 이미 알고 있는 것은 아는 것들로 인해 얻을 행복을 미리 가늠해볼 수 있지만, 알지 못하는 것은 더 좋은 무엇인가가 있을 거라는 막연한 기대감이 생기기 마련이다.

호기심이라는 것을 가장 많이 가지고 있는 것은 갓 태어난 어린아이이다. 아이들은 무한한 호기심을 바탕으로 모든 것을 스펀지처럼 흡수하고 배운다. 하지만 불행하게도 이 중요한 능력은 커갈수록 잃어간다. 중·고등학생이 되면 거의 사라져 있다. 아이들은 반복된 수업에서 책에 나오는 내용들을 그대로 습득할 뿐이다.

이러한 고정적인 틀을 깨고자 수업에서 다양한 시도를 많이 하는 편이다. 그중 가장 효율적으로 아이들에게 호기심과 동기를 이끌어내는 것이 있다. 바로 '칭찬 쿠폰'이다. 수업을 할 때 아이들에게 나누어 주는 이 쿠폰의 용도는 총 3가지다.

첫째, 열심히 하는 학생들에게 잘했다는 당근의 역할을 한다

아이들이 숙제를 잘 해오거나 나의 질문에 대답을 잘했을 때 쿠폰은 보상의 역할로서 아이들에게 주어진다. 이렇게 받은 쿠폰에는 '넌 최고야 수고했어'라는 글귀가 적혀있다. 이 쿠폰을 받음으로써 아이들에게 자연스럽게 간접적인 응원을 해주는 것이다.

둘째, 아이들이 공부를 함에 있어서 동기부여의 역할을 한다

아이들이 이 쿠폰으로 할 수 있는 것은 여러 가지가 있다. 쿠폰은 한 장당 약 천원의 가치를 가지며, 이것을 이용하여 교실에 있는 라면이나 햇반으로 바꾸어 먹거나, 가지고 싶은 학용품을 구매할 수도 있다. 하지만 무엇보다 내가 노리는 것은 랜덤박스이다. 아이들에게 쿠폰 3개를 모아오면 랜덤박스에서 추첨을 할 기회를 준다. 그러면 아이들은 호기심 넘치는 표정으로 '내가 뭘 뽑을까?' 라는 기대감에 가득 차 추첨을 하게 된다. 그렇게 받은 상품이 무엇이던 간에 아이들은 그 행위 자체만으로 자극을 받고 호기심을 충족시킬 수 있는 효과적인 수단이 되는 것이다.

셋째, 다른 학생들에게 소개하는 나의 브랜드 마케팅으로 사용한다.

이 쿠폰을 혹여 다른 학생들에게 나누어주어 그 학생이 등원 했을 시 소개해준 학생에게 포상을 해주는 형태로 쿠폰을 사용하고 있다. 이렇게 하게 되면 자연스레 같은 반 학생들에게 그 학생들이 홍보를 하는 효과를 추가로 얻게 되는 것이다. 덩달아 학원에서 진행하는 독특한 쿠폰 시스템을 홍보하는 데도 큰 역할을 하게 된다.

한 번은 분위기가 매우 침체되어 있는 반을 맡은 적이 있었다. 이런 반 아이들은 아직 아이들끼리 서먹서먹하거나 따로 놀게 된다. 이럴 경우 반 학생들을 동시에 참여시키면서 반의 분위기를 전환시키는 방법이 있다. 바로 게임을 진행하는 것이다. 이때에도 쿠폰은 매우 중요한 역할을 한다. 반 아이들에게 쿠폰이라는 시스템이 자리매김하게 되면 게임을 진행할 때에도 매우 수월하다. 따로 상품을 준비할 필요 없이 쿠폰을 상품으로 걸면 되기 때문이다. 이렇게 반 아이들을 두 팀으로 나누어 빙고 게임을 진행했다. 문제를 제시하고 팀에 있는 아이들끼리 협력해서 그 문제를 먼저 푸는 팀이 빙고의 칸을 차지하는 식이었다. 게임을 시작하자 아이들이 서로 협력적으로 바뀌는 모습을 관찰할 수 있었다. 같은 목표를 통해서 친밀함을 만들어 놓게 되면 다음 수업 때에는 침체된 분위기가 어느 정도 전환되어 있음을 느낀다.

다만 주의할 점이 있다. 팀별로 아이들을 나누어서 수업을 할 때에는 친한 아이들로 팀을 구성하는 것보다 친하지 않은 아이들로 구성하는 것이 좋다. 소외된 아이들이 없는지 강사가 꼭 살펴야 한다. 이렇게 팀으로 진행한 수업에서 소외된 학생이 퇴원하는 일도 있었다. 또한 너무 자주 이런 수업을 진행했을 시에 수업에 대한 효율이 떨어지거나 아이들이 너무 산만해질 위험성도 있다. 경험상 한 달에 한 번 정도 평소와는 다른 느낌으로 수업을 진행해주는 것이 가장 좋은 비율이라 생각한다.

고3 수업을 진행할 적에, 아이들에게 자신이 가고 싶은 대학을 나에게 전송하라는 과제를 내준 적이 있었다. 대신 가고 싶은 대학을 선정하면서 다음의 조건을 달았다.

> 첫째, 자신이 한 번 이상 다녀온 대학
> 둘째, 현재 그곳에 합격했을 때 뛸 듯이 기뻐할 대학
> 셋째, 부모님의 바람이 아닌 자신의 꿈이 담긴 대학

이 세 가지 조건을 만족하는 대학교의 로고를 나에게 전송하게끔 했다. 나는 그 학생들이 보낸 대학교의 로고를 인쇄하여 아이들의 이름과 '갈 수 있다'라는 희망의 메시지를 적어서 강의실의 드림보드에 달아 두

었다. 그러자 놀라운 일이 일어났다. 공부를 적극적으로 해오지 않았던 학생이 그 목표를 달아놓자 매주 숙제를 꼬박꼬박 해오는 게 아닌가? 거기에 자극받은 다른 학생들도 덩달아 열심히 해오기 시작했다. 그렇게 3월 모의고사를 치르게 되었고 내가 맡은 고3 이과생 전원이 3등급 이상이 나오는 멋진 결과를 얻게 되었다.

'호기심을 가지고 세상을 바라보라'라는 표어의 TV프로그램 〈호기심 천국〉이 생각난다. 세상은 사실 신기한 것 천국이다. 하지만 이러한 신기한 것들도 세상을 바라보는 시야나 시각에 따라 달라지기 마련이다. 딱딱하고 지루한 수업에서 벗어나 어떻게 하면 아이들이 호기심과 동기를 가지고 수업에 임할 수 있을지 끊임없이 생각하고 연구해야 한다. 이러한 노력이 재미있는 수업을 만들어내고 아이들이 공부할 수 있는 동기와 자극을 얻게 되는 것이다. 결국 이는 성적과 결과로 나타나게 되고 학생들은 자연스레 강사를 따르게 될 것이다. 지금부터라도 당신의 강의를 '호기심 천국'으로 만들어라.

03

연애하듯이 수업하라

20대 초반, 풋풋한 시기에 나는 실연의 큰 고통을 알게 되었다. 당시에는 그 사랑이 전부인 줄 알았고, 그렇기에 너무 주는 사랑을 했던 것 같다. 그런 사랑은 오래 지속될 수 없다.

이때 처음 알게 된 것이 있다. 연애는 '밀당_{밀고 당기기의 준말}'이라는 것을 잘해야 한다는 것이었다. 단순히 상대방에게 관심을 주기만 해서는 그 사람에게 사랑받을 수 없다. 때로는 내 마음을 숨기는 것도, 그것을 표현하는 것도 시기적절할 때 해야 한다는 사실을 알게 되었다. 그 이후로 나는 나의 마음을 주는 것에서부터 나의 마음을 빼앗게끔 상대방에게 요구했다. 막상 그렇게 하다 보니 이번에는 상대방이 너무 지쳐 떠나가 버리는 것이 아닌가. 결국 연애란 서로 간의 보이지 않는 밀고 당기기의 반복이다. 이것이 적절히 잘 이루어져야 헤어지지 않고 관계가 꾸준히 지속되는 것이다.

이는 학생을 가르치는 수업에서도 그대로 적용된다. 아이들의 마음을 적당히 잘 밀고 당겨서 공부를 하게 만들면서 나의 수업을 좋아하게끔 만들어야 한다. '공부를 한다'라는 것은 아이들에게 있어서 투자의 일환이다. 학생들의 마음이 '공부를 하겠다'라는 의지로 가득 차 있으면 정말 좋겠지만 대부분의 학생들은 '놀고 싶다', 혹은 '쉬고 싶다'라는 마음들이 더 가득할 것이다. 이러한 아이들의 마음을 잘 달래주고 공부를 할 수 있게끔 잘 유지해주는 것이야말로 강사가 수업을 올바르게 이끌어갈 수 있는 핵심요소이다.

그렇다면 어떠한 수업이 밀당을 잘하는 수업이라 할 수 있을까?

첫째, 아이들이 공부에 힘겨워하는 시기에 잘 당겨줄 수 있어야 한다

아이들은 항상 공부로 인해 스트레스를 받는다. 집에서 공부하라는 이야기를 너무 많이 듣다 보니 공부에 대해 '노이로제'에 걸린 학생들도 많다. 이런 학생들에게 적당한 환기를 통해 공부의 부담감으로부터 벗어나게끔 해야 한다. 그럼 오히려 그 학생이 다시 공부에 대한 흥미를 되찾을 수 있다.

현재 수업을 맡고 있는 반에서 고3에 올라가는 한 학생이 있다. 그 학생은 너무나도 공부하는 것을 싫어했다. 학부모가 그 학생에게 너무 공부하라는 말을 자주 하다 보니 무의식적으로 공부에 대한 부담감이 생겨버린 것이다. 나는 이 학생에게 반대로 "공부하지 마"라고 이야기했다. 대신 "공부 말고 지금 무엇을 해야 할지 스스로 찾아봐"라고 이야기했다.

학부모에게는 전화로 학생에게 공부와 관련된 이야기를 하지 말라고 당부했다. 그리고 3일 뒤, 이 학생은 공부를 하는 것이 지금 자신에게 적합한 일임을 스스로 깨닫고 지금까지 열심히 하고 있다. 즉 이 학생은 주변으로부터 공부라는 말에 스트레스를 받은 나머지 스스로 공부하려고 하는 의지를 상실하고 있었던 셈이다. 이때 살짝만 스스로 생각할 기회를 주자 그 학생은 공부해야 함을 깨닫게 된 것이다.

둘째, 학생들의 이야기를 충분히 들어주며 공감해주어야 한다

수업에 대한 참여도가 매우 좋지 않았던 한 학생이 있었다. 그 학생은 수업 중 계속 다른 곳을 바라보고 있다가 내가 부르면 다시 수업을 듣는 듯하면서도 생각은 다른 곳에 가 있었다. 이러한 학생들을 발견했을 때 어딘가 문제가 있음을 빠르게 캐치를 해야 한다.

이 학생은 원래 수업 참여도가 좋았던 아이였다. "A야, 오늘 무슨 일 있어?"라고 묻자 당황해하며 별일 없다고 이야기하더니, 잠시 후 그 학생은 울음을 터뜨렸다. 알고 보니 학교에서 친구들 사이에 안좋은 일이 있어서 수업에 집중하지 못했던 것이었다. 나는 빠르게 수업을 중지시키고 잠시 쉬는 시간을 가지자고 이야기했다. 그런 후 그 학생과 따로 상담을 진행했다. 이런저런 이유로 친구들로부터 소외감을 느끼고 있다는 그 학생의 이야기를 들으며, 나는 공감하면서도 걱정할 필요가 없음을 이야기해주었다. 별다른 해결책이 필요한 것이 아니다. 아이들은 그들의 고민을 털어놓고 이야기할 상대가 필요한 것뿐이다. 이런 것들을 캐치하지 못하고 수업을 그대로 진행했다면 이 학생은 아마 퇴원했을 지도 모르는 일이다.

아이들이 일반적으로 가지는 문제는 친구문제, 가정문제, 이성문제 이렇게 크게 세 가지로 추릴 수 있다. 이 문제들이 일어났을 때 학생들의 반응은 평소와 좀 많이 다른 편이다. 학원강사는 강사이기도 하지만 학생의 상담의 역할도 수행해주어야 한다. 학생들은 자신의 진실한 고민을 털어놓을 사람이 많지 않다. 그런 면에서 학원강사는 의외로 아이들의 고민들을 많이 들어주고 조언해줄 수 있는 위치에 있다. 그들에게 공부 이외의 것에 조언을 아끼지 마라. 분명 그 학생들은 강사의 팬이 될 것임에 틀림없다.

셋째, 학생들의 관심사를 파악하고 흥미를 유발하는 수업을 해야 한다

수업을 진행하면서 단순히 공부에 관한 내용만 책을 읽듯이 줄줄 이야기하고 있다면 교실은 금방 수면실로 변할 것이다. 수업이나 강연을 진행 할 때에는 내가 좋아하는 것보다 상대방이 좋아하는 것을 담아내야 성공적으로 끝낼 수 있다.

데이트를 할 때를 생각해보라. 데이트에서 내가 좋아하는 이야기만 늘어놓는다면 상대방은 나에게 금방 흥미를 잃어버릴 것이다. 소개팅에서 만난 이성에게 자신의 전공에 관한 이야기와 군대 이야기만 한다 생각해보자. 상상만으로 끔찍하지 않은가?

나는 갓 고1이 된 남학생들이 많은 반을 수업할 때에는 그 아이들이 좋아하는 주제인 게임을 연관 지어 수업을 진행한다. 예를 들면 "야, 너희들 어제 '배그온라인게임 〈배틀그라운드〉의 줄임말'에서 '치킨서바이벌에서 우승하면 주는 상품'먹은 사람 있니? 쌤이 배그에서 치킨은 못 먹었어도 이차방정식에서 판별식 구분할 줄은 알거든? 지금 이것도 제대로 못하는 사람은 정말 사람도 아니다." 이렇게 아이들의 흥밋거리를 수업과 연관 지어 이야기하면 10명 중 8명은 공감하고 빵 터진다. 그 이후 수업 진행은 자연스레 진행되기 마련이다. 여학생들과 수업할 때면 보통 연예인과 드라마 관련 이야기를 많이 하는 편이다. 오늘자 방송에서 나왔던 이야기나 연예인들의 사건사고로 말문을 열면 대부분의 여학생들이 공감하고 반응하는 편이다.

사실 나는 게임을 많이 하는 편도, 그렇다고 TV를 많이 보는 편도 아니다. 오직 아이들과의 관심사를 공유하고 수업에 활용하기 위해 그 내용들을 공부하고 습득한다. 게임에 관한 것은 온라인게임 관련 게시판이나 카페 등에 가입하여 대략적인 소식과 방법 등을 습득할 수 있다. 연예인 이야기와 TV 관련 이야기들은 TV를 좋아하는 다른 강사 분들의 이야기를 듣거나 네이버 연예란에 들어가 대략적인 이야기들을 훑어보는 편이다. 상대방을 정확히 알아야 그 상대방을 유혹할 수 있지 않겠는가? 이 정도의 노력도 기울이지 않고 상대방이 나를 좋아해주기를 바란다면 연애도 수업도 꽝인 셈이다.

　결국 진심 어린 마음이다. 아무리 밀당을 잘하고 상대방이 좋아하는 것을 공부하여 마음을 끌어도 진심 어린 마음이 부재되어 있다면 그 관계는 오래 지속될 수 없다. 상대방에게 마음을 열고 진정으로 사랑하는 마음을 표현했을 때 상대방도 그 마음을 받아주고 서로 간의 관계가 오래 지속되는 것이다. 이는 강의에서도 마찬가지다. 아이들을 위하는 진심 어린 마음이 없이 단순히 학생들을 돈벌이 수단으로 생각하고 수업을 진행하게 되면 학생들은 강사를 진정으로 좋아하지 못한다. 시험을 못보거나 무언가의 일이 생겼을 때 떠나가 버릴 것이다. 반대로 학생들에게 진심을 다하고 열과 성의 있게 수업을 진행한다면 결과가 좋지 않거나 무슨 일이 생긴다 하더라도 절대로 떠나지 않는다.

　연애할 때는 밀당도 좋지만 결국은 서로의 진심이 통해야 관계가 지속되고 길게 유지된다. 아이들도 마찬가지다. 아무리 현란한 기술이나 스킬로 현혹한다 하여도 가장 중요한 것은 강사가 학생들을 얼마나 진심으로 생각하고 돕느냐이다. 강사의 강의가 좀 안좋으면 어떠랴. 잘 가르치는 강사보다 진심으로 자신을 생각해주는 강사를 더욱 더 따르게 되어있다. 외모가 뛰어나게 잘나지 않아도, 능력이 조금 부족해도 이성이 나를 사랑하는 것처럼 말이다.

교감이 되는
강의를 하라

교감이라 하면 무엇이 생각나는가? 나는 어렸을 적 보았던 영화 〈ET〉
가 생각난다. 외계에서 온 익숙하지 않는 외계인이 지구인과 만나서 손
가락으로 교감하는 장면은 아직까지도 뇌리에 남아있다.

학생들과의 교감이 되는 강의를 한다는 것은 무엇일까? 학생과 교감
하지 않고 강의를 한다면 그것은 섞이지 않은 우유와 커피와 같다. 우유
와 커피가 각각의 영역 안에서 따로 노는 것이다. 우리는 교감이라는 티
스푼으로 이를 휘휘 저어주어야 한다. 따로 있던 우유와 커피가 섞여 '카
페라떼'를 만들 듯 교감을 통해 완성도 있는 강의를 만들도록 말이다. 이
장에서는 몇 가지 사례를 통해 어떻게 강사와 학생이 교감을 하게 되는
지에 대해 살펴볼 것이다.

수업을 하면서 한 강사가 나에게 물었다. "A 학생, 분명 수학이란 과목을 싫어했는데 어떻게 된 거죠? 선생님 수업을 듣고 와서는 열심히 하는 모습이 눈에 보이네요. 무슨 마법이라도 부린 건가요?"

A 학생은 정말로 수학을 싫어하는 학생이었다. 학원에서도 수업을 너무나도 못 쫓아오는 나머지 내보내야겠다고 이야기를 하는 것을 내가 맡아서 수업하게 되었다. 내 반에 온 뒤로도 그 학생은 집중을 하는 것이 힘들어 보였다. 시험을 볼 때마다 딴짓을 하기 일쑤였다. 너무나 답답한 나머지 나는 그 학생을 불러 상담하기에 이르렀다.

"A야, 지금 하는 수업이 너무 어렵니?" 하지만 대답은 의외였다.

"아니요. 너무 쉬워서 그래요. 그냥 공부하는 것이 귀찮아서 안 푸는 거예요."

위에 사례에서 우리는 무엇을 배워야 할까? 이 학생은 공부를 못하는 학생이 아니었다. 오히려 너무나도 쉬운 나머지 집중을 못하는 스타일의 학생이었다. 전에 가르쳤던 강사가 이 학생을 좀 더 유심히 살피고 학생과의 상담을 했더라면 이러한 점들을 쉽게 잡아낼 수 있었을 것이다.

실제로 아이들이 잘하는지 못하는지를 판단하지 못하고 수업을 하고 있는 강사가 너무나도 많다. 그렇게 되면 수업에 들어갔을 경우 학생들의 수준에 맞추지 못하거나 원하는 것을 전달해주는 본연의 역할에 소홀해지기 마련이다. 얼마 안 가 반의 분위기가 어긋나게 될 것이고 그 학생은 점차 숙제를 안 해오거나 학원에 핑계를 대고 나오지 않는 경우가 많아질 것이며 결국 퇴원으로까지 이어지게 된다.

나는 수업하기 전에 앞서 아이들의 성향과 특징, 성격 등을 분석하는 편이다. 학생이 새로 들어오게 되면 바로 수업에 투입시키기보다 이 학생이 어떻게 공부하는지, 성격이 어떠한지를 먼저 파악한다. 이렇게 분석된 학생의 특성을 기억하면 수업 때 각각의 학생들에 맞추어 수업을 진행할 수 있다.

B라는 학생은 매우 소심한 학생이었다. 얼마나 소심한지 수업시간에 나와 전혀 이야기를 하지 않았다. 하지만 숙제공책을 통해 성실하고 최선을 다해 공부하는 학생이라는 것을 나는 파악하고 있었다. 그럼에도 테스트를 보면 시험성적이 잘 나오지 않았다. 그 이유는 문제를 푸는 속도가 느려 정해진 시간 내에 테스트를 보는 것을 부담스러워 하기 때문이었다.

이렇게 학생에 대해 분석을 철저하게 해놓으면 수업 도중에 이 학생에게 질문을 하는 실수를 하지 않는다. 질문을 하지 않는다고 그냥 넘어가서는 안 된다. 이런 학생에게는 모르는 문제를 직접 체크하여 확인받으라고 하거나, 강사가 직접 질문하는 방향으로 접근해야 한다. 또한 테스트를 못봤다고 통보하거나 윽박지르기보다는 숙제는 열심히 하지만 테스트 결과가 잘 나오지 않는 이유를 학부모께 잘 설명하고, 아이에게는 어떻게 시간을 단축시킬 수 있는지에 대한 해결책을 제시해주는 것이 좋다.

디테일하게 분석한 학생은 수업을 매우 잘 따라오고, 해오라는 과제에 대한 수행도도 저절로 높아질 수밖에 없다. 결국 그 학생은 강사의 팬이 되고, 자신을 알아봐준 강사를 끝까지 따른다. 표현하지 않아도 알아채주고 그것에 맞추어 강의를 하는 것, 그것이 일등강사의 필수 요건인 셈이다.

마지막으로 C라는 학생에 대해 이야기해보려고 한다. 이 학생은 사실 공부를 포기하려 했었다. 이미 대학교에 간 누나들이 너무나도 공부를 잘했기 때문이었다. 집에서 당연히 공부를 잘할 것이라 생각하고 큰 기대를 가진 것이 화근이었다. 나쁘지 않은 성적이었음에도 집에서는 항상 비교를 당했고, 그로 인해 학생의 자신감은 바닥이었다. 잘한다는 기준이 너무 높다 보니 스트레스를 많이 받아 공부하는 것을 포기해버린 경우였다. 이러한 세부적인 사항을 알게 된 후 나는 이 학생에게 칭찬하는 것을 멈추지 않았다. 작은 숙제를 주고 수행해오면 칭찬해주고, 개념을 공부한 후 문제를 푸는 것에도 큰 의미를 부여해 칭찬해주었다. 곧 그 학생은 수학공부에 대한 자신감을 되찾았고, 지금은 예전과 비교할 수 없을 정도로 성적이 급상승하였다.

이 학생뿐 아니라 대부분의 학생들은 칭찬을 해주면 수업에 긍정적으로 작용한다. 공부를 잘하지 못하는 아이들은 집, 학교, 학원에서 너무나도 많이 혼이 나고 야단맞는 것에 익숙해져 있다. 결국 그들은 칭찬에 목말라 있는 것이다. 칭찬은 고래도 춤추게 한다고 하지 않는가. 많이 칭찬해 주면 아이들은 그 칭찬에 발맞추어 더욱더 노력하게끔 되어 있다.

수업 분위기가 너무 쌀쌀맞고 조용하다면 한 번쯤은 의심해봐야 한다. 내가 아이들과 잘 교감하고 있는지 말이다. 아이들과 잘 교감되는 수업은 따뜻한 온기와 봄바람의 내음이 자연스레 전달된다. 강사가 수업만으로 아이들 앞에 서려 한다면 그 강사는 이류이다. 각각의 아이들이 어떠한 성격과 특성을 지녔는지, 그들의 다름을 인정하고 그들과 교감하는 역동성 있는 수업을 해야만 일류가 될 수 있다.

이러한 것은 학생들의 이름을 불러주는 것으로부터 시작한다. 나의 수업을 한번 되돌아보라. 수업 때 학생들의 이름을 불러주고 있는지, 제대로 소통하고 있는지 말이다. 그렇지 않다면 오늘부터라도 학생들의 이름을 친근하게 불러주자. 이젠 학생들의 이야기를 자연스럽게 들어줄 수 있는 강사가 되어보아라. 당신은 강사이기 전에 선생이자 멘토로서 그들과 교감하고 소통하게 될 것이다.

05

생동감 있는
강의를 하라

대부분의 학생들은 학교 수업에 집중을 잘하지 못하는 경향이 있다. 학교수업은 너무 지루하고 진부하다고 말한다. 학교선생님들은 가장 치열하게 공부하고 임용고시라는 큰 시험을 통과해서 그 자리에 도달한 사람들이다. 하지만 대부분의 선생님들은 거기에서 멈춰버린다. 그 안에서 아이들을 위해 강의에 대한 스킬을 개발하고 수업의 질을 향상시킬 생각을 하기보다는 여러 가지 잡무나 승진에 치여 하루하루를 보내는 사람들이 많다. (학교선생님을 폄하하려는 것이 아니다.)

이는 학원강사들도 마찬가지다. 현재 있는 자리에 안주하는 순간 더 이상 성장할 수 없다. 멈추는 순간 끝이라고 생각해야 한다. 끊임없이 수업에 대해 연구하고 공부해야 한다. 그렇게 해야만 진부함을 벗고 새로운 강사로 태어날 수 있다.

여기 A, B 라는 두 명의 강사가 있다고 해보자. A 강사는 허름한 회갈색 양복에 쭈글쭈글한 흰색 셔츠, 그리고 빨간색 체크무늬 넥타이를 매고 있다. 거기에 금테 안경을 쓰고 칠판 앞에서 수업을 하는 상상을 해보라. B 강사는 청색 스키니 진에 갈색 구두, 그리고 목카라에 포인트를 준 하늘색 와이셔츠에 멋스런 블레이저를 걸치고 있다. 팔목에는 '롤렉스 시계'를 차고 칠판 앞에 서 있다. 자, 당신은 어떤 강사의 강의가 듣고 싶은가? 당연히 B 강사의 강의가 듣고 싶지 않은가?

많은 강사들은 큰 실수를 하고 있다. 강의를 하는데 복장이 뭐가 중요하느냐라는 생각을 가지고 있다. 결론부터 이야기하자면 복장은 강의에 있어서 매우 중요하다. 그 강사의 이미지와 전문성을 만들어주기 때문이다. 위에 사례에서 말해주듯이 대부분의 학생들은 A 같은 강사보다 B 유형의 강사를 더 선호한다. 심지어 A 유형의 강사보다 더 심각하게 차려 입고 나와 수업하는 강사도 많다. 강의를 시작하기도 전에 그 사람의 가치를 떨어트리는 행동을 하고 있는 것과 다를 바 없다.

이렇게 첫 번째로 복장에 대한 이미지가 형성되었으면 다음으로 수업에 생동감을 불어 넣어줄 때가 왔다. 생동감 있는 강의를 하기 위해서는 우선 목소리의 톤이 중요하다. 옆 강의실의 강사 중에 시종일관 큰소리로 수업을 진행하시는 분이 계신다. 긴 시간 수업하시면 얼마나 힘들지 예측이 안될 정도다. 하지만 큰 소리로 수업한다고 아이들이 덜 피로할 거라는 생각은 오산이다. 계속 수업을 하게 되면 아이들의 자극이 그 소리에 맞추어 져서 쉽게 피로해지고 조는 학생들까지 생길 가능성이 더 커진다. 평상시 강의 목소리는 당신이 오후의 부산스러운 카페에서 옆에 있는 친구에게 말을 건 낼 정도로만 음량을 높여도 충분하다. 가끔씩 중요한 내용이나 포인트를 주는 내용에만 악센트를 주어 크게 이야기해 주는 것이 훨씬 효과적이다.

그 다음으로 갖추어야 하는 것은 강사의 쇼맨십이다. 단순히 지식만 전달하는 강의를 한다면 아이들은 지루해질 수밖에 없다. 우리가 레스토랑에 스테이크를 먹으러 간다고 해서 스테이크만 먹을 건 아니지 않은가? 샐러드, 스테이크에 곁들이는 소스, 식전에 나오는 빵과 스프가 스테이크의 맛과 질을 올려주는 것이다. 강의도 마찬가지다. 지식을 전달하는 것이 강사의 역할이지만 그전에 아이들에게 동기부여를 해주고 기운을 돋게 해주는 것도 강사의 역할이다. 그렇기에 강사는 항상 준비되어 있어야 한다. 때로는 웃기게, 때로는 황당하게, 어쩔 때는 '똘끼' 있는 행동이 수업에 긍정적인 자극을 주게 되는 것이다.

내가 아는 영어학원의 C 강사는 매 수업마다 특이한 복장으로 수업을 하는 것으로 유명하다. 크리스마스 때는 산타 복장을, 신년에는 무희 복장을, 그리고 할로윈 때는 마녀로 등장하여 아이들에게 사탕을 나눠 준다. 이러한 신기한 복장의 수업은 아이들에게 활력소를 줄 뿐 아니라 그 강사의 홍보에도 큰 영향을 끼친다. 일반 강사들보다 훨씬 적극적이고 독특하다라는 이미지가 씌워지고 거기에 강의라고 하는 무기만 장착한다면 그 누구보다도 독보적인 1타로 성장할 수 있다. 역시나 C 강사는 대형 어학원에서 1타 자리를 놓치지 않고 지켜내고 있다.

　인터넷 강의로 유명한 〈S에듀케이션〉에서 독특한 형태의 수업을 진행한 적이 있었다. 학원에서 수업을 하는 강사들에게 인형 옷이나 가면을 쓰고 목소리를 변조해서 수업을 시킨 것이다. 그렇게 수업을 하고 아이들에게 어느 강사인지 맞추어보라고 하는 이벤트였다. 이는 당시 유행했던 복면가왕의 컨셉을 따온 것이었다. 반응은 폭발적이었다. 이렇게 해서 〈S에듀케이션〉의 매출은 평소의 100% 가까이 증가했다.

　나 또한 독특한 수업을 좋아하기 때문에 특별한 복장을 하고 강의를 하는 방식 대신 새로운 형태로 수업을 진행해본 적이 있었다. 바로 수업 시간에 성대모사를 통해 1인 2역 수업을 진행하는 것이었다. 안철수 의원과 문재인 대통령이 경합을 하던 시절, 수업의 내용 중 극한에 대해 이야기하면서 두 사람이 싸우는 것을 기반으로 수업을 진행해본 적이 있었다. 성대모사를 잘하는 편은 아니었음에도(꼭 성대모사를 잘하지 않아도 된다) 결과는 대성공이었다. 아이들은 그때 배웠던 내용을 강렬하게 기억해냈고, 수업은 너무나도 재미있었다는 평으로 가득했다.

　물론 항상 이렇게 강의가 이벤트스러워서는 안 된다. 너무 외적인 것에만 부가가 되면 본래의 가치가 희석될 수도 있다. 그렇기에 본래의 수업연구에 집중하고 그 연구가 되어 있는 상태에서 100% 중 10% 가량만 재미를 녹여 내도 충분하다. 이것만으로도 충분히 생동감 넘치는 수업을 만들 수 있다. 너무 과도하게 과장하여 수업했던 날에는 학생들이 수업 내용은 기억하지 못하고 내가 했었던 독특한 행동만 기억하고 있었다. 즉 적절한 포인트를 가질 수 있게 재미있는 수업을 구성하되, 과장되어서는 안 된다.

    결국 생동감 있는 강의라는 것은 세 가지가 적절하게 조화된 상태에서 만들어진다. 깔끔하고 세련된 복장과 목소리의 톤, 그리고 쇼맨십이다.
    복장은 아이들이 보기에 깔끔하고 정갈하거나 아이들이 좋아하는 스타일의 복장이면 충분하다. 이는 강사들이 아이들에 맞추어 연구해야 하는 부분이다. 목소리의 톤은 너무 작아도 너무 커서도 안 된다. 아이들이 졸린다고 해서 큰 소리로 수업한다면 피로도만 더 쌓일 뿐이다. 적당한 데시벨로 수업을 진행하다가 강조하고 싶은 부분에만 포인트를 주는 것이 핵심이다. 쇼맨십은 아이들에게 나의 특별함을 어필하는 방법 중 하나이다. 다만 너무 과도할 경우 주객전도가 되어 버릴 수 있다. 잦은 쇼맨십은 수업의 내용보다 그 이벤트의 내용을 기억하는 부작용을 낳기도 한다. 약 9 : 1의 적당한 비율을 맞추어가며 수업을 진행하는 것이 좋다. 이렇게 수업을 진행했을 때 아이들의 반응을 보라. 이제 당신의 수업시간에 핸드폰을 보거나 졸려 하는 학생은 찾아보기 힘들 것이다.
    생동감 있게 수업을 하는 것은 수업에 영혼을 불어 넣는 것과 같다. 밋밋하고 단조로운 수업에 지루함을 느끼는 아이들에게 강사의 뜨거운 영혼과 열정을 느끼게끔 해주어라. 수업은 강사에게 있어서도 학생에게 있어서도 절대 지루할 틈을 주어서는 안된다. 당신은 이제부터 무대 위에 서 있는 명배우가 되어야 된다.

06

동영상 강의,
제대로 활용하라

공부를 하던 중 모르는 내용이 생겼다. 하지만 걱정이 없다. 핸드폰을 켜고 유튜브에 들어가 내가 모르는 내용을 검색하기만 하면 되기 때문이다. 그랬더니 한 유명 수학강사의 강의가 바로 뜬다. 그것을 클릭해 시청한다. 오, 꽤나 강의가 재미있고 이해가 잘되는 것 같다. 댓글을 달고 약간의 비용을 지불한 뒤 그 강사의 채널을 구독한다. 이번에는 페이스북을 친구추가 해두었더니 새로운 강의가 올라올 때마다 강의를 라이브로 무료 시청할 수 있다. 원하는 강의를 찾아보는 것은 이제 검색 한 번으로 해결된다.

위의 사례와 같이 앞으로는 인터넷 강의가 플랫폼에 구애받지 않고 대중화될 가능성이 크다. 이제까지의 인터넷 강의는 물건을 파는 유통

기관이 중요했다고 한다면, 이제는 그런 들이 깨지고 강사 개개인의 특성과 캐릭터가 더 중요해질 것이다. 그렇게 예측하고 있는 첫 번째 근거는 유튜브와 SNS의 파급력이 갈수록 더욱 커지고 있다는 점이다. 두 번째는, 좀 더 편하고 쉬운 것을 추구하는 고객^{학생}의 입장에서 접근이 쉬운 방향으로 인터넷 강의의 방향성이 이동할 것이기 때문이다.

이와 같은 흐름은 주요 인터넷 강의사이트들은 벌써부터 발 빠르게 준비해 가고 있다. 네이버 TV나 유튜브에 인터넷 강사들의 강의를 올려서 접근성이 쉽게 만들어 놓은 것들을 보았을 때, 이들 또한 이러한 변화의 바람을 미리 읽은 것이라 할 수 있다.

지금까지의 인터넷 강의 시장과 같이 특정 인강사이트에 입성해야만 강의를 팔 수 있는 시대는 지났다. 이제는 누구든지 아이디어와 실력만 가지고도 대중들에게 동영상 강의를 어필 할 수 있게 되었다.

내가 알고 있는 한 유명 유튜브 크리에이터가 있다. '허팝'이라는 이름으로 유명한 그는 무려 연 유튜브 매출이 7억 가까이 된다. 그는 아무런 회사의 지원도 큰 자본력도 가지지 않고 무작정 유튜브 크리에이터라는 직업으로 뛰어들었다. 그가 가지고 있었던 것은 단지 독특한 아이디어와 실행력 뿐이었다. 특별할 게 없었던 그는 유튜버로 엄청난 인기를 누리게 되면서 《유튜브 크리에이터 되기》라는 책을 발간하여 새로운 길을 개척해나가고 있다. 그가 했었던 독특한 방송 중에는 엄청난 스케일의 실험들을 예로 들 수 있을 것이다. 44cm에 무게가 14kg이나 되는 초대형 곰젤리를 만드는가 하면 풀장을 물풍선으로 가득 채우고 헤엄을 치기도 한다. 남들이 생각하기에 말 그대로 '미친 짓'이라고 할 만한 일들을 몸소 실행하는 것이다.

이러한 점들에서 그의 도전정신과 남들과는 다른 독특한 방식들을 눈여겨 보아야 한다고 생각한다. 현재 강사 시장은 포화 상태다. 남들과 똑같은 방식으로 성공한 강사가 되는 것은 쉽다. 하지만 정말로 크게 성공하고 싶다면 남들이 하지 않은 것들을 미리 개척하고 도전해야 한다. 강사도 마찬가지다. 지금까지와 동일한 방식을 가지고 성공하고자 한다면 그 한계치는 명확하다. 정말 운이 좋아 인터넷 강사가 되고 온라인 시장에 입성해도 고생은 고생대로 하고 더 높이 올라가기 위해 기약 없는 노력을 하는 강사들을 많이 봐왔다. 이제는 특별한 무언가가 필요하다는 이야기이다.

사실 학원강사로서 동영상 강의를 활용하는 가장 일반적인 방법은 수업을 찍어 놓고 아이들의 보강할 점이나 잘하지 못하고 있는 부분에 대한 반복 시청을 하게끔 유도하는 것이다. 일산의 공부방을 운영하고 있는 한 강사는 자신의 강의를 핸드폰을 이용하여 촬영해둔다. 대부분의 학생들이 공부를 못하는 학생들로 이루어져 있기에 모든 학생들에게 개념강의를 할 수 없기 때문이다. 이렇게 촬영한 동영상을 가지고 있으면 보강이나 그 내용에 대한 수업이 필요할 때 유용하게 사용이 가능하다.

여기에서 한 단계 더 나아가 보자. 이제 그 동영상을 유튜브에 올려보는 것이다. 요즘 아이들은 스마트폰을 통해 간단한 검색만으로 동영상을 찾을 수 있다. 동영상을 검색하여 보게 하면 개념강의에 대한 반복 시청이 가능할 뿐 아니라 인터넷이 가능한 불특정 다수에게 나의 강의를 홍보하는 스타트라인을 끊을 수 있다.

나도 특강수업을 비롯하여 많은 수업을 촬영하여 유튜브에 업로드 하였다. 이렇게 업로드를 해놓고 아이들에게 채널 주소만 가르쳐주면 아이들은 집뿐만 아니라 학교에서도 강의를 복적으로 시청할 수 있다. 이렇게 시청하는 것을 유도하면 학생들의 부족한 개념을 메우는 데에도 큰 도움이 된다. 학교나 다른 장소에서 강의를 보며 친구들에게 나를 간접 홍보하는 효과도 있다. 유튜브 강의를 올려놓게 되면 불특정 다수가 볼 수 있기 때문에 나의 퍼스널 브랜딩에도 상당한 효과를 주기도 한다.

한 번은 상담전화가 걸려온 적이 있었다. 보통 학원으로 찾아와 학생을 배정해주는 것이 일반적이지만 나에게 직접 연락하여 어떻게 선생님께 배울 수 있느냐고 물어보는 것이 아닌가? 이 학생은 온라인에서 우연히 유튜브 강의를 보게 되어 연락하게 된 것이다. 이뿐만 아니라 학부모에게 자주 상담전화가 걸려오기도 한다. 이때에는 상담을 진행하여 학원으로 들어오게끔 하는 것이 어렵지 않게 진행된다.

사실 나의 중단기 목표 중 하나는 유명 인터넷 강사로 입성하여 최고의 온라인 수학강사가 되는 것이었다. 그 목표를 위해 인터넷 최상위권 학생 커뮤니티인 오르비에 입성하여 현재 많은 학생들과 함께 호흡하고, 온라인 강의 촬영을 진행하고 있다. 직접 시도해보고 부딪혀보면서 인터넷 강의로 성공하기 위한 길을 개척하고 있는 셈이다. 이러한 과정들을 거쳐가면서 인터넷 1타 강사가 되기 위해 부단히 노력 중이다.

내년부터는 다시 온라인 강의 쪽으로 심도 있게 분석하여 온라인 강의를 준비하는 강사들에게 도움이 될 수 있는 방법이나 방향을 다룬 두 번째 책을 발간할 예정이다. 이를 위해서라도 좀 더 특별하고 스페셜한 나만의 콘텐츠를 유튜브에 업데이트 중이다. 궁금하다면 유튜브에 'ET 쌤'을 검색해보는 것도 좋다. 단순히 가르치는 데서 끝내지 마라. 아이들에게 동기부여를 하고 즐겁게 만들고, 재미있는 경험을 하게 해주는 것도 분명 강사의 큰 역할이다. 동영상 강의를 활용하고 더 많은 학생들과 공유하는 것은 강사를 홍보하는 데 있어서 매우 중요한 일임에 틀림없다. 이제 동영상 강의는 선택이 아닌 필수다. 동영상 강의를 잘 활용한다면 지금도 충분히 억대연봉의 강사가 될 수 있음을 기억하라.

07

다양한 강의 스킬을
연구하라

2017년 12월, 유난히 추운 겨울날 여자친구와 함께 송파에 위치한 올림픽공원을 찾았다. 가수 김범수 씨가 주최하는 콘서트를 보기 위해서였다. 가수 김범수 씨는 〈보고 싶다〉, 〈약속〉 등의 명곡을 부른 유명한 가수지만 내가 어렸을 적에는 얼굴이 알려지지 않은, 일명 얼굴 없는 가수였다. 그런 그가 2011년 〈나는 가수다〉라는 프로그램을 통해 대중들 앞에 처음으로 소개되었다. 이때 그의 모습에 많은 이가 열광했던 기억이 난다. 가장 기억이 남는 무대는 그가 〈나는 가수다〉에서 〈님과 함께〉라는 노래를 불렀을 때였다. 〈님과 함께〉는 가수 남진이 전성기 시절에 부른 히트곡이었다. 유명한 노래는 편곡이 힘들 것이라는 편견을 깨고 그는 성공적인 무대를 만들어 내었다.

그는 스포트라이트의 중앙에서 노래를 시작해 점차 남진이 불렀던 노래와는 전혀 다른 템포와 스토리로 무대 전체를 장악하기 시작했다. 무엇보다 무대가 끝나고 모든 조명이 꺼진 시점에서 재시작하는 연출은 보는 이들의 놀라움을 자아내었다. 익숙함을 그만의 색깔로 재탄생시킨 것이다. 이는 그가 지금까지 라이브콘서트로 전석 매진하는 기록을 만들었다.

강의란 것도 결국은 이와 같은 노력과 효과적인 연출이 필요하다. 강의에서의 노력이란 수업에 대한 끊임없는 연구이다. 효과적인 연출이란 강의 스킬을 개발하는 것을 뜻한다. 동일한 책과 동일한 내용을 가지고 가르치지만 강사에 따라 강의가 달라지는 이유는 그 강사만의 캐릭터와 강의 스킬이 다르기 때문이다.

나는 수학강사로서 문제와 강의에 대한 연구를 진행하고 있다. 우선 문제에 대한 연구는 아이들이 문제에 어떻게 접근하느냐에 관점을 분석하는 것이다. 예를 들어 이 문제를 풀기 위해 A 방법과 B 방법이 있다고 가정해보자. A 방법은 책에 나와 있는 방법으로 접근하는 방식이라고 한다면 B 방법은 나만의 노하우가 녹아있는 방법이다. 보통 처음 설명할 때는 A 방법으로 풀 수 있게 학생들에게 힌트를 준다. 그런 뒤 아이들에게 직접 풀어보라고 시킨다. 이렇게 진행을 하면 대부분 끙끙거리며 문제를 풀거나 중간에 문제가 꼬여 풀지 못하는 경우가 생긴다. 이때 바로 가르쳐 주기보다는 아이들 스스로가 그 문제를 해결할 수 있도록 힌트를 주고 기다려 주는 것이 중요한 포인트다. 그렇게 아이들이 스스로 A 방법으로 문제를 풀었을 때 학생들을 집중시킨다. "자, 이제 너희가 왜 여기 와 있는지 알려줄게. 물론 내가 좋아서 있겠지만 너희 친구들은 죽었다 깨어나도 모를만한 비법이 하나 있지! 절대 비밀 엄수해야 한다?" 그런 후 B 방법을 통해 그 문제를 효과적으로 푸는 지름길을 가르쳐준다. 그러면 아마 즉각적으로 아이들의 반응이 나타날 것이다.

하지만 주의할 점이 있다. 이러한 방법을 쓰기 위한 전제조건은 B 방법이 몇몇 고난도 문제에만 적용되는 공식이나 단순 암기가 되어서는 안 된다는 사실이다. 내가 연구하거나 얻은 아이디어 중 효과적이면서 넓게 적용될 수 있는 풀이 방법을 선별해야 한다. 단순히 보여주기식 풀이가 되었을 경우 그 극대화된 효과는 얻을 수 있을지언정 결과를 만들어 내지는 못하는 법이다.

함수를 다루는 테크닉(2)

강의스킬에 대한 예시들과 쓰임은 내 유튜브에 간단한 예시 영상을 올려놓았으니 'ET쌤' 으로 검색해 보길 바란다.

문제에 대한 연구가 디테일한 가지라면 강의에 대한 연구는 나무의 줄기를 완성하는 과정이다. 즉 어떤 개념에 대해 뿌리가 되는 것은 무엇이며 그것을 지탱하는 가장 중심적인 줄기가 무엇인지 파악하면 강의를 어떻게 구성해야 할지 계획을 세울 수 있다. 사실 이것은 쉽게 만들어지지는 않는다. 강사의 노하우와 오랜 기간의 숙련도가 필요한 법이다. 나 같은 경

3월 학평 해설강의

우에도 수업 전에 나의 노트에 수업할 개념에 대한 청사진을 구상해본다. 어떤 개념을 어디에 배치하는 것이 좋을지에 대해 생각한다. 이는 아이들의 뇌리에 박힐 개념에 대한 틀을 형성할 수 있게끔 구성이 되어야 하기 때문에 단번에 완성시키기보다 수업이 진행됨에 따라 업그레이드 시키는 것이 좋다.

강의 연구에서 꼭 빼먹을 수 없는 것이 있다면 바로 참고서와는 다른 나만의 핵심 비법에 대한 노출이다. 강의란 것은 항상 기존의 것과 차별성을 두어야 한다. 앞장에서 이미 이야기했듯 책에 나와 있는 대로만 설명한다면 그 강사는 책에 있는 내용만 줄줄 외는 앵무새 강사에 지나지 않는다. 핵심 비법들은 다른 강사의 강의에서 핵심을 가지고 와 나의 것으로 각색하거나, 내가 문제를 풀거나 공부를 했던 노하우를 이용하여 새로운 정리 형태를 고안해보는 것도 좋은 방법이다. 이러한 내용을 이야기 할 때는 책에 나오지 않은 내용임을 강조하여 아이들에게 공책이나 책에 쓰도록 유도하는 것도 좋다. 그렇게 비법이 쌓이게 되면 아이들에게 이러한 개념적인 내용들이 내 반에서만 들을 수 있음을 강조한다. 그렇게 아이들은 당신의 팬이 되고, 재등록률이 100%가 되는 것도 어렵지 않은 일이다.

문제와 강의에 대한 연구를 통해 나만의 스킬을 만들고 그것을 적재적소에 아이들에게 쓸 수 있는 것, 이것은 나의 강의를 명품으로 만들 수 있는 비법이자 필수 아이템이다. 이것들을 습득하기 위해서는 오랜 기간의 연구와 시간이 필요하다. 내가 운영하는 〈1등학원강사연구소〉에서는 여러 강의에 실용적으로 사용 가능한 스킬들을 공유하고, 이를 어떻게 운영하는가에 대한 연구가 활발히 이루어지고 있다. 이를 통해 좀 더 빠른 시간 내에 강의 스킬을 습득하기에 큰 도움을 받을 수 있을 거라 확신한다.

몇 가지 강의 때 바로 써먹을 수 있는 스킬을 소개해 보려 한다. 그중 하나는 수업 중 아이들이 졸려 할 때, 강하게 집중시키면서 잠을 깨게 하는 방법에 대한 스킬이다. 많은 수업에서 아이들이 피곤함을 호소한다. 당신의 수업이 재미있기에 그런 경우가 많지는 않겠지만 간혹 심하게 조는 아이 때문에 곤란한 적이 있을 것이다. 이때 하고 있는 수업을 멈추고 이렇게 말한다.

"자, 오늘 수업에 대한 이해도가 뛰어난 거 같은데…… 다들 많이 피곤하지? 쌤이 너희 피곤한 거 다 알아. 자, 이 내용에 집중해봐. 내가 여기에서 문제를 하나 낼 건데 맞추는 사람은 오늘 귀가 프리패스 끊어준다!"

이렇게 이야기하면 졸던 학생도 깨서 수업을 들을 수밖에 없다. 이렇게 집중시킨 후 수업을 진행하고, 개념수업 후 적당히 아이들이 생각할 수 있을 만한 문제를 제시하면 평소 집중을 못하던 아이들도 집중하고 있는 모습들을 볼 수 있다. 만약 시간 내에 학생이 문제를 풀면 어떻게 해야 할까? 집에 귀가시켜야 할까? 특별한 경우가 아니면 사실 조기 귀가는 좋은 선택이 아니다. 대신 다른 긍정적인 수단으로 귀가를 막을 필요가 있다. 가장 좋은 방법은 이렇게 이야기하는 것이다.

> "자, 오늘 A가 문제를 풀었는데 모두 박수 좀 쳐줘봐~ 오늘 미리 귀가 하게 된 소감 한번 이야기하고! 그리고 하나 더, 귀가 프리패스는 아이스크림 교환권으로 전환 가능하다. 혼자 집에 가서 좋을 건지 아이들한테 좋은 기분으로 한턱 낼 건지 생각해보자!"

이렇게 이야기하면 대부분은 머쓱해하며 아이스크림을 먹겠다고 한다. 수업을 훈훈한 분위기로 전환시키는 좋은 수단이 되는 것이다.

이것 외에도 대단히 많은 강의에 필요한 스킬들이 많다. 사실 이러한 스킬들은 글로 전하기가 어려운 것이 현실이다. 따라서 굵직한 내용들과 기본 프레임들만 소개하고 디테일한 강의 스킬에 대한 내용은 유튜브에 샘플 영상을 수록해두었다. 또한 이를 카페에 업로드 하여 공유할 예정이니 관심 있는 강사들은 참고하여 수업 때 바로바로 활용하기 바란다.

08

학생들과의
친밀함을 유지하라

얼마 전, 졸업생 한 명이 찾아온 적이 있었다. 그 졸업생은 나와 오랫동안 수업을 같이 했었던 학생이었다. 남들이 좋다 하는 명문대를 가지는 못했지만 항상 나와 수업했을 때를 떠올리며 선생님만한 사람이 없다고 이야기해주는 학생이었다. 함께 밥을 먹으면서 요즘 근황이 어떠한지 물었다. 대학생활은 즐거운데 지금 만나는 이성친구와의 관계가 애매하다는 이야기를 했다. 자신을 자꾸 만나주는데 실제로 관심이 있어서인지 아닌지 궁금하다는 것이었다. 나는 선생님이자 선배로서 현재 상황에 어떻게 대처해야 하는지 실질적인 조언을 주었다. 그러던 며칠 뒤 그 학생에게 전화가 걸려왔다.

"선생님이 이야기해주신 대로 적극적으로 만나자고 이야기했더니, 왜 그걸 이제야 이야기하냐고 하더라고요! 감사합니다, 선생님!"

대부분 학생들과의 관계는 학원을 나가는 순간 끝이라고 생각하는 경향이 있다. 하지만 나는 학생들과의 관계를 쉽사리 끊지 않는다. 학생이 퇴원을 하던지, 고3 수업을 마무리하고 대학교에 가던지 간간이 아이들에게 연락하고 그들에게 생일선물이나 안부 인사를 건넨다. 친했던 아이들과는 가끔 만나 술 한잔을 기울이기도 한다.

단순히 내가 오지랖이 넓거나 사람만나기를 좋아해서가 아니다. 오랜 기간 나를 믿고 따라와 준 학생들에 대한 나의 배려이자 마음이다. 내가 가르쳐줄 수 있는 것이 수학이라는 과목 하나뿐이었다면 선생이라는 이름으로 그들 앞에 서지는 않았을 것이다. 더 먼저 인생을 살고 더 많은 지혜를 지니고 있는 사람으로서 아이들을 올바른 꿈의 길로 인도하는 것이 강사로서 나의 소명이라고 생각한다.

이러한 것들을 배제하고라도 학생들과 친밀한 관계를 유지해야 하는 이유는 또 있다. 퇴원한 학생들과 간간히 연락을 하고 소통을 한다면, 내가 수업을 잘 이끌고 관심을 주었다는 가정 하에 다시 되돌아 올 가능성이 커진다. 실제로 고2 겨울방학에 나갔던 예비고3 학생의 절반이상이 모의고사가 끝난 이후 원래 있던 반으로 되돌아오기도 하였다. 처음 고3이 되는 불안한 마음에 학원을 바꾸어보려 했으나 결국은 원래 있었던 학원이 더 좋다는 것을 깨닫고 돌아온 것이다. 이러한 상황에서 퇴원한 학생들과 소통하지 않았더라면 분명 이미 퇴원한 학원이 부담스러워서라도 다른 학원으로 갔을 것이다.

물론 퇴원한 학생이 되돌아올 확률은 적다. 하지만 신기하게도 퇴원한 학원에 되돌아가지는 않아도 그 학원이 괜찮은 학원이었다고 주변에 소개해주는 경우도 많았다. 즉, 내가 최선을 다했음에도 그 학생이 어떤 이유에서 퇴원을 했다면, 그 학생과의 친밀함을 유지하라. 그럼 그 학생은 자신이 받은 것들을 배 이상으로 돌려 줄 것이다.

퇴원한 학생뿐 아니라 졸업한 학생과의 관계도 유지해주면 긍정적인 효과들을 많이 가져온다.

첫째, 그 학생들이 재수를 하거나 반수를 할 때 과외를 요청하는 경우가 생길 수 있다

예전 같았다면 재수를 하는 대부분의 학생들은 재수종합반으로 가거나 기숙학원을 가는 것을 선호했다. 하지만 요즘은 독학재수나 혼자 공부하려고 하는 학생들이 늘고 있다. 이런 학생들과 연락하여 친분을 쌓아 두면 나중에 좀 더 도움을 줄 일이 생길지도 모르는 일이다.

둘째, 대학교에 잘 입학한 학생들에게 잘해주면 그 학생들이 자신의 주변 학생들에게 학원을 추천해주기도 한다

학생들의 동생들이 같은 학원에 가는 것도 비슷한 이유에서다. 뿐만 아니라 학부모에게 졸업 후에도 학생들과 긍정적인 연락을 유지한 다는 소식이 들리게 된다면 적극적으로 다른 학부모에게 홍보하는 계기가 될 것이다.

셋째, 일이 바빠지면 강사로서의 잔무를 시키거나 일의 보조가 필요할 때 고용하기 가장 편리하다

나에게 배웠던 학생은 나의 상황과 스타일을 가장 잘 알고 있고, 나에게 잘 맞추어줄 수 있다. 특히 요즘같이 알바자리를 구하기 힘든 시기에 졸업한 학생에게 이러한 제안을 한다면 좋아할 가능성이 크다. 이를 적절히 활용하여 서로 도움이 될 수 있는 관계를 만드는 것, 이것도 졸업후 학생과의 친밀한 관계를 유지했기 때문에 가능한 일이다.

물론 학생들과의 관계를 지속했던 것이 위의 결과물을 위해서는 아니었다. 단지 오랫동안 배운 학생들이 사회에 나가 고생하는 모습들을 보면서 내가 좀 더 도움이 되지 않을까 하는 마음에서 시작한 일이었다. 그렇게 하나둘씩 긍정적인 효과를 만들어내다가 한 번은 한 반의 모든 학생들이 졸업생의 소개를 통해 가득 찬 적도 있었다. 그만큼 이미 졸업한 학생들의 효과는 만만치 않다.

> "너희들이 나한테 고등학교 때 배운 건 정말 아무것도 아니야. 인생을 살면서 스스로 깨우쳐야 할 것들이 정말로 많을 거야. 중요한 건 그것을 가르쳐 주는 사람은 딱히 없어. 너희가 스스로 깨우쳐야 해, 그러니까 내가 조금이라도 도움이 될 거 같으면 언제든지 연락해."

간간이 아이들에게 연락이 올 때 이렇게 이야기한다. 그러면 아이들은 힘들거나 도움이 필요할 때 연락을 한다. 그럼 그런 아이들에게 작게

나마 도움을 줄 수 있는 것이다.

내가 학원에서 학생들에게 가르쳐줄 수 있는 것들이 단순히 수학이라는 한 과목만이라면 이 아이들과 연락할 이유가 없다. 하지만 나에게 학생들이란 단순히 학원에서의 제자가 아닌 인생의 선배이다. 수익으로 연결되는 결과를 얻지 못할지언정 내가 다른 학생들을 가르치는 원동력이자 나의 비전을 이루기 위한 수단으로서 매우 중요한 것임에 틀림없다. 자, 이제 당신도 아이들과 연락을 해보라. 자주가 아니어도 좋다. 그 연락을 통해 그들에게 도움을 준다면 분명 그것은 생각했던 것보다 더 큰 결과를 가져올 것이다.

강의 이벤트,
이렇게 짜보자!

스튜던스 101

지금까지 없었던
거대한 프로젝트가
시작되었다!

매주 월요일 업데이트 예정

1.학생들에게 이벤트 공지하기

안녕하세요. 반갑습니다. 스튜던스 101 프로젝트 스타트합니다!
다음의 규칙에 따라 제 휴대폰 번호로 문자 또는 카톡을 보내주시면 됩니다.

1. 기상미션은 동일하게 7시까지 진행되나, 신청자에 한하여 단톡방에 초대
   하여 진행할 예정입니다. 3회를 지키지 못할 시 강퇴됩니다. 기상미션과
   공부시간 미션은 독립입니다. 기상미션 수행자에게는 실수로 인증 하지
   못 한 시간에 대한 텍스트 인증 1회 가능권을 드립니다.

2. 공부시간 미션은 수능시계를 통한 인증, 공부시간 인증은 앱을 통한 인증
   만을 인정하며 이번 주부터 학원수업시간, 학교수업시간 중 공부를 한 시
   간을 포함하여 인증하도록 합니다.
   텍스트 인증은 특별한 사항실수로 인한 것 중 기상미션을 수행하고 있는 자이 아
   닌 이상 인증에 포함되지 않습니다.

3. 그 다음날 새벽 8시까지 보낸 인증문자 또는 카톡에 대해 인정하며, 시간 내에 인증하지 않을 시 경고 1회를 받게 됩니다. 3회 경고를 받을 시 다음 주차에 참석할 수 없음을 양지바랍니다.

4. 그 다음날 정오에 그전날 보낸 공부시간을 집계하여 '모든 학생의 평균 공부시간', '최대공부시간', '최저공부시간', ' ET쌤의 한마디'와 함께 단체 카톡방으로 전송합니다.
   일주일에 1번 매주 월요일 오전 10시 기준 누적 공부시간에 대한 자료를 개인 고유번호와 함께 오르비에 공개합니다. 이때 자신의 순위가 몇등인지 확 인하세요! ET쌤 팔로우 필수!

5. 더 궁금한 점이 있다면 언제든지 카톡이나 문자로 연락 가능합니다.

2. 학생들의 생생한 후기

학생 1 선생님이 공지방에 보내주신 글을 보고 솔직히 양심에 많이 찔렸습니다. 저 또한 무더운 날씨에 혼자 독서실에서 자습하다 보니 많이 지치고 '이렇게 하는 게 도움이 될까', '스스로도 잘하지 않을까?'라는 생각에 최근에 많은 학생들이 그만둘 때 저도 그만두고 싶었습니다.

하지만 어제 하루 푹 쉬고 나태함에 빠지기 직전에 선생님께서 해주신 말이 딱 떠올랐고 다시 마음을 다잡을 수 있었습니다. 하루만 쉴 때 제대로 쉬고 다시 본래의 페이스를 찾아야 한다는 말씀이 오늘 아침 불현듯 생각났던 것입니다. 자칫하면 지난 휴식의 달콤함에 빠져 "조금 더 쉬고 싶다", "조금 더 자고 싶다"라는 나태함으로 이어질 뻔했습니다.

이 시기에 수험생들이 어떤 감정을 느끼는지, 어떤 상태인지 너무나도 잘 알고 계셨습니다. 처음 수험생을 겪으며 '나만 뒤처지는 건 아닐까', '나만 힘든 것 같아서 엄살부리는 건 아닐까'라는 생각이 들 때마다 하루에 한 번씩 보내주시는 좋은 글귀들이 많은 힘이 되어주었습니다. 나태해질 때에는 자극이 되었습니다. 또한 선생님의 글 말고도 다른 친구들의 공부량을 보며 내자신을 반성하고 10분이라도 더 공부량을 늘려보려고 노력하는 제 모습을 발견할 수 있었습니다.

결론적으로 제게는 이 프로그램이 꼭 필요합니다. 혼자서 100일의 시간을 가려면 막막할 테고 수능이 얼마 남지 않은 시점에 본래의 페이스를 잃고 싶지 않습니다. 더 자극받고 더 시간을 쪼개서 꼭 '후회 없는 수험생활'이라는 마라톤을 완주하고 싶습니다. 꼭 마지막에 진정한 승자로 웃으며 졸업하고 싶습니다.

학생 2 지난 해 더위가 시작될 때와 지금의 저를 비교해보면 성적뿐 아니라 사람이 되어가고 있다는 느낌도 듭니다. 이렇게 되기까지 주변 분들의 많은 도움이 있었지만 그중에서 쌤이 제 인생을 바꿔놓으셨다고 해도 과언이 아니라 생각합니다.

4년 만에 키보드가 아닌 펜을 잡고 공부하는 게 정말 힘들었고 때로는 '탈주'도 몇 번 했지만 덕분에 다시 정상적인 궤도로 돌아올 수 있었습니다. 결과가 좋지 않더라도 제가 그동안 선생님께 얻어간 많은 것들은 앞으로의 인생의 표지판이 될 것 같습니다.

'ET Care'도 목표는 매주 한 자리 등수로 올렸습니다. 6주차 랭크는 5위구요. ㅎㅎ 선생님께서 저를 응원해주셨고 앞으로도 해주실 만큼 저 또한 선생님을 응원하고 잘되길 바라며 남은 수험 생활 동안 잘 마무리하겠습니다.

학생 4 안녕하세요, 선생님. 반수생 ○○○이라고 합니다. 작년에 잘난 친구들 사이에서, 노력이라도 하지 않으면 제가 너무 떨어져 보일까봐 하루에 얼마나 많은 시간을 공부했는지 모릅니다. 결국 제 친구들은 목표한 대학을 진학했고, 저는 그렇지 못했지만요.

몸이 좋지 않아서 반수를 준비하는 데 학원이나 독학재수학원, 독서실을 모두 다닐 수가 없었습니다. 집에서 하는 대신 작년과는 다르게 자꾸 풀어지는 감이 있을 때 오르비에서 선생님의 글을 보게 되었습니다.

저는 매일 밤 10시가 되면 단체카톡방 알림이 50~60개씩 쌓이게 되는 그 순간이 참 좋습니다. 저도 사진을 보내고 인증하려고 하루를 열심히 살게 됩니다. 다른 친구들을 보면서 서로 자극도 되고 열심히 해가는 게 좋기도 하고요. 물론 그 뒤에는 선생님의 노고가 있었겠죠?

단체카톡방에 캡쳐 사진을 보내고 자는 것은 제 일상이 되어버렸습니다. 열심히 공부할 의지도 생기고요. 몸이 받쳐주는 대로 열심히 하겠습니다. 감사합니다, 선생님.

학생 3 시간이 지날수록 나태해졌지만 합리화해가며 허송세월하고 시간을 잘 활용하지 못했습니다. '아침에 일찍 일어나야지' 하고도 하루 이틀 하다가 실패한 뒤 또 예전처럼 11시에 기상하고, '공부 시간도 재야지' 하고 마음먹었지만 흐지부지되기 일쑤였습니다. 학기 중에는 그래도 학교에서 친구들이 공부를 안 할 때 공부하는 희열감과지지 않겠다는 경쟁심 때문에 생각 없이 몰두할 수 있었지만, 방학이 되어서는 제 자신과의 싸움이었고 저는 한 번도 이겨본 적이 없었습니다.

이번 방학에도 흐지부지될 것 같은 예감이 들던 때, 오르비에서 선생님의 칼럼을 접하게 되었습니다. 곧 제가 꼭 필요로 했던 기출분석의 방법론에 관한 강좌를 발견하면서 '스튜던스 101'이라는 프로그램을 보게 되었습니다. '그래, 이거면 어느 정도 내 자신을 통제할 수 있겠다'라고 생각했고 신청했습니다.

공부 시간을 재는 것도 의미가 있지만 저에게 정말 큰 도움이 되었던 것은 기상 시간 인증이었습니다. 항상 일찍 일어나겠다고 했던 제가 무너지게 된 원인은 알람을 끔과 동시에 머리 감는 게 귀찮아서 '5분만 누워 있다가 씻어야지'라는 생각 때문이었습니다. 그런 생각을 없애고 일찍 일어날 수 있었던 것은 프로그램의 덕이 컸습니다. 아침 시간을 지배함으로써 하루를 보다 능동적으로 보내고 밤에는 유튜브나 페이스북과 같은 오락거리를 줄일 수 있었습니다.

아직 인터넷 강의 시간이 많아서 타이머로 집계하는 공부량은 적었지만 선생님의 말씀대로 수능이 다가올수록 순 공부량을 늘리는 쪽으로 공부 방향을 바꿀 것입니다. 혼자서 하는 것보다 어느 정도의 통제를 받으면서 하는 것이 더욱 의미 있고 더 잘할 수 있었습니다. 앞으로도 더욱 열심히 공부하겠습니다!

좋은 강사를 넘어 억대연봉 강사가 되어라

01

좋은 강사를 넘어
역대연봉 강사가 되어라

"작은 일도 무시하지 않고 최선을 다해야 한다. 작은 일에도 최선을 다
하면 정성스럽게 된다. 정성스럽게 되면 겉에 배어 나오고 겉에 배어 나오
면 겉으로 드러나고 겉으로 드러나면 이내 밝아지고 밝아지면 남을 감동
시키고 남을 감동시키면 이내 변하게 되고 변하면 생육된다. 그러니 오직
세상에서 지극히 정성을 다하는 사람만이 나와 세상을 변하게 할 수 있는
것이다."

영화 〈역린〉에서 정조가 말했던 〈중용 23장〉의 내용이다. 아무리 작
은 일이라 하더라도 최선을 다하는 것이 세상을 변화시키는 가장 핵심
적인 일이라는 의미이다. 이는 현대를 살아가고 있는 우리들에게 커다

란 메시지를 전달해 준다. 작은 것들이 하나둘 모여 큰 것을 만든다는 이야기는 익히 잘 알고 있는 이야기다. 과연 이것을 실천하고 있는 사람들이 얼마나 될까?

나에겐 친척동생이 하나 있다. 그 동생은 나와 6촌 정도의 거리를 가진, 사실상 남이다. 하지만 매우 돈독한 관계가 되었다. 짧기는 하지만 결혼 전 두 달간 룸메이트로 한집에서 살게 되었기 때문이다. 이 동생의 직업은 자산관리사였는데, 이 일을 하기 전 직업은 '삼성맨'이었다. 직장 일이 맞지 않고 자신이 하고 싶은 일을 하겠다며 직장을 뛰쳐나와 '자신관리사'라는 직종으로 바꾼 것이다. 그렇게 열심히 자신이 하고 싶었던 일을 한 그는 실력을 인정받아 어린 나이에 억대연봉의 금융컨설턴트로서 성공적으로 일어섰다.

사실 동생이 대단한 이유는 따로 있다. 그는 음성의 작은 농촌마을에서 태어나 불우한 환경에서 자라왔다. 거기에 아버지께서 몸 편찮으셨기에 가족을 책임져야 한다는 부담감까지 떠안았다. 그는 더 이상 가난을 대물림하지 않겠단 신념으로 열심히 일했다. 그렇게 하는 일마다 성공을 거둔 끝에 성공적인 금융컨설턴트의 자리에 오른 그를 정말로 존경한다.

그랬던 동생이 얼마 전 큰 위기에 봉착했다. 근무했던 펀드회사로부터 큰 사기를 당한 것이다. '블랙스완 사기사건'으로 유명한 이 사건은 피해자만 천 명, 피해액은 500억가량이었다. 고객의 돈을 유치 받아 대신 투자해주는 금융컨설턴트는 이번 사건으로 고객에게 큰 신뢰도가 하락하고 엄청난 빚 또한 떠안게 되었다. 6억 가까이 되는 큰 빚을 진 동생은 살던 집과 자동차, 그리고 직업을 한순간에 잃고 말았다.

대부분의 사람들은 이와 같은 사건을 겪게 되면 한동안 절망에서 벗어나지 못할 것이다. 하지만 동생은 달랐다. 3~4일만에 충격을 딛고 새로이 나갈 준비를 하고 있었다. 오히려 사기를 쳤던 사기꾼이 5년 뒤에는 고마워질 수 있도록 지금 사건을 계기로 새로운 분야로 도약해보고 싶다고 이야기했다.

정말 놀랍지 않을 수 없었다. 분명 힘들어하고 괴로워 할 것이라 생각했는데 그 며칠만에 어떻게 나아가야 하는지, 그리고 지금 상황을 어떻게 현명하게 대처할지에 대해 고민하고 있던 것이었다. 세상을 긍정적으로 바라보고 현재 자신의 처지가 불행이 아닌 새로운 기회라는, 보통 사람들에게서는 나오기 힘든 발상이었다.

사실 이와 같은 큰 고난이 닥치지 않아도 사람들은 작은 일에 절망하고 힘들어한다. 해보지도 않은 일들에 겁을먹고 새롭게 무언가를 시작하는 것에 치를 떤다. 현재 자리에서 움직이지 않는다면 아무것도 달라지지 않는다. 한자리에만 머물러 있었기에 큰 위기가 닥쳤을 때 어떻게 대처해야 할지 모른 채 현재의 처지를 낙담하며 포기해버린다. 이런 사람들을 우리는 실패자라고 부른다. 반면 성공자들은 포기를 모르는 사람들이다. 아무리 부정적인 상황이 닥친다 하여도 절대 자신이 잘못되고 있다고 생각하지 않는다. 그럴 수 있는 이유는 매 순간 최선을 다하고 목표와 목적을 위해 끊임없이 나아가기 때문이다.

성공적인 강사도 마찬가지다. 강사가 단지 좋은 강사로서 남아 있기 위해서는 큰 변화에 대처하지 않고 최소한의 일만을 챙겨가며 월급을 주는 대로 '적당히' 근무하면 될 일이다. 하지만 만약 당신이 좋은 강사로 남기보다 성공적인 강사가 되고 싶다면 적당히로는 부족하다. 무언가 새로운 시도와 도전이 필요하다. 이러한 시도는 분명 실패를 동반할 수 있다. 그렇기에 많은 사람들은 시도도 하기 전에 지레 겁먹고 포기부터 한다. 하지만 어떻게 시도도 하지 않고 무언가를 얻으려 하는가? 현재 있는 직장이 아니다라고 판단이 선다면 이직을 준비하라. 혹은 지금 현재 직장의 처우를 개선해달라고 요청하라. 당신은 이미 최고의 강사이기에 학원에 충분히 요청할 만한 자격이 있다.

억대연봉 강사가 되려면 우선 지금 현 상황에서 변화를 추구해야만 한다. 그 변화는 어떤 위기를 통해 벌어질 수도 있고 주체적으로 만들어낼 수도 있다. 나 같은 경우도 3년 동안 노력을 했지만 그 처우가 개선되지 않고 상황이 나아지지 않아 너무 답답하고 힘들었던 시기가 있었다. 하지만 성공하리란 사실을 단 한 번도 의심한 적이 없었다. 항상 일어나 강의계획서를 짜고 학부모님들과 통화하며 꼼꼼히 상담했다. 아이들의 수업을 어떻게 하면 쉽고 재미있게 가르칠 수 있을까 연구했다.

결과가 드라마틱하게 나타나지는 않았다. 여러 시행착오와 경험을 토대로 실력이 쌓이다 보니 3년 후부터는 자연스럽게 억대연봉 강사이자

1타 강사로 자리매김하게 되었다. 이는 치열함과 노력, 그리고 믿음이 있었기에 가능한 일이었다.

이제 나의 다음 목표는 명확하다. 크게 두 가지로 간추려볼 수 있겠다. 첫째, 연봉 10억 이상의 유명 인터넷 강사로 성공하는 것이다. 지금 학원강사 시장은 불황에 허덕이고 있다. 다가오는 인구절벽으로 인한 학생 수의 감소 때문이다. 그렇기에 강사 시장이 더욱 축소될 것은 불 보듯 뻔한 일이다. 하지만 이러한 역경을 기회로 삼아 경쟁에서 살아남는다면 살아남는 강사들은 큰 기회를 얻을 수 있을 거라고 확신한다. 힘든 조건을 버티지 못하는 강사들은 결국 도태될 것이고 소수의 강사에게 기회가 돌아갈 것이다. 지금 이 책을 읽는 당신은 그 소수에 들어가야 한다. 그것만이 학원강사로서 승리할 수 있는 길이다.

둘째, 억대연봉을 받는 학원강사를 육성하여 그 강사들 간의 커뮤니티를 구성하는 것이다. 그 커뮤니티는 서로 간에 자극을 주고 도움을 주는 긍정적인 강사들로 형성되어 있다. 자유롭게 서로의 자료를 교환하고 스터디와 성공마인드 수업을 통해 각자의 능력치를 개발 및 각성하는 계기로 삼는 것이다. 결국 단기간에 빠른 억대연봉 강사로서 설 수 있는 방법을 전수하고 그들 간의 소통으로 성공적인 강사로서 자리매김할 공간을 확충하는 것. 이것이 가장 큰 방향이라고 생각한다.

좀 더 빨리 방향을 잡고 싶은데 혼자서는 벅찬 강사들이여. 나의 도움을 받고자 한다면 언제든지 환영한다. 변화를 모색하고 그것을 주도하는 사람만이 한 단계 더 큰 성장을 얻어낼 수 있는 자격이 생긴다. 내가 운영하는 네이버카페 〈1등학원강사연구소〉는 좋은 강사에서 억대연봉 강사가 되려고 하는 모든 사람들에게 큰 도움을 주기 위해 개설되었다. 그곳에서 더 큰 강사의 길로 도약하고 성공한 선배 강사들의 에너지를 받으며 억대연봉 강사로서 나아가라. 동기부여가이자 억대연봉 학원강사 코치로서 여러분에게 길을 안내할 것이다.

02

가슴 뛰는 꿈을 심어주는 강사가 되어라

나의 친동생은 윈드서핑 전 국가대표이자 현 전북팀 소속 대표선수이다. 어렸을 적 공부하기를 싫어했던 동생은 중학교 때까지 성적이 썩 좋지 않았다. 부모님께서 공부하라고 닦달할 때마다 pc방에 가서 게임을 하거나 친구들과 놀러 다니기 일쑤였다. 내가 아무리 타이르고 공부하라고 말을 해봐도 동생의 습관은 바뀌지 않았다. 그랬던 동생이 갑자기 중학교 때 하고 싶었던 운동을 하게 되면서 180도 바뀌었다. 누군가 시키지 않아도 노력하고 꾸준히 자신의 목표를 위해 달리게 된 것이다. 남들보다 늦게 시작했었던 운동선수의 길이였지만 목표를 가지고 치열하게 노력한 결과 2014년 인천 아시안게임 국가대표로 선발되는 기염을 토했다.

수업을 할 때에도 학생들이 목표와 꿈이라는 것을 갖게 해주는 일은 매우 중요하다. 많은 학생들을 가르쳐 봤지만 목표나 꿈이 있는 학생과 그렇지 않은 학생은 공부의 지구력부터가 다르다. 실제로 가르쳤던 아이들을 비교해봐도 그러하다.

내가 가르치는 학생 중 A라는 학생이 있었다. 그 학생의 꿈과 목표는 명확했다. 어렸을 적부터 중국 지리에 관심이 많아 중국 관련 학과에 들어가 중국 문화와 역사를 연구하고 싶어 했다. 자연스레 공부를 하는 것은 자신의 목적지에 도달하기 위해 꼭 필요한 것이라 생각하게 되었다. 힘들 때마다 원하는 목표를 그리며 꾸준히 노력한 결과 그 학생은 서울대 동양사학과에 입학할 수 있었다.

반면 B라는 학생은 고1때부터 머리가 좋아서 1등을 놓친 적이 없던 학생이었다. 하지만 결정적으로 그 아이는 '하고 싶은 것'이 딱히 없었다. 머리가 좋아 공부를 쉽게 하게 되었고 얼마 노력하지 않아도 칭찬을 받자 공부를 하게 된 케이스였다. 하지만 고3이 되어서도 뚜렷하게 하고 싶은 것이 없었던 그 학생은 꾸준한 공부를 하지 못했다. 점점 공부보다 노는 데에 빠지기 시작한 것이다. 그 이후에도 방향을 잡지 못하고 계속해서 방황하는 모습을 보였다. 결국 그 학생은 수능에서 좋지 않은 결과를 받아 재수를 결정하게 되었다.

위와 같은 결과가 나타나는 이유는 무엇일까? 분명한 목표가 있다면 힘든 일이 생기거나 잠시 길을 잃었을 때도 나아갈 수 있는 힘이 생긴다. 나아가야 할 지점이 명확하기 때문이다. 하지만 목표나 꿈 없이 나아가게 되면 좀 더 쉬운 방향으로 나아가다가 힘들어지는 순간 그만둬버리는 경우가 많다.

동생이 하는 윈드서핑에서 나는 목표와 방향성에 대한 중요한 아이디어를 찾았다. 윈드서핑이라는 종목은 주어진 시간 동안 목표점을 반환하여 처음 스타트라인으로 누가 빨리 돌아오는지를 겨루는 경기이다. 이때 모든 선수들은 명확한 목표 지점이 있다. 그 목표 지점을 기준으로 누가 더 빨리 반환하느냐의 싸움이기 때문이다. 중간에 불어오는 바람이나 파도의 방향에 따라 어떻게 효율적으로 나아갈 수 있을지를 겨루어야 한다. 만약 역풍이 분다면 어떨까? 신기하게도 경기 중 역풍이 분다고 해도 전진할 방법은 존재한다. 정면으로 돌파할 수는 없지만 지그재그로 움직여 바람을 받으면 역풍이 불어도 앞으로 나아갈 수 있다. 이들에게 뚜렷한 목표지점이 없었다면 역풍이 불었을 때 그 역풍으로 나아가야 한다는 생각조차 하지 않았을 것이다.

그렇게 목표의 설정이 중요하다고 하지만 사실 큰 문제가 하나 있다. 꿈이라는 것이 바로 한순간에 뚝딱 나타나는 것이 아니라는 사실이다. 아이들에게 목표와 꿈을 가지라고 이야기하면 대부분의 학생들은 이렇게 반문한다.

"딱히 하고 싶은 것이 없는데 어떻게 하나요?"

사실 참 답답하다. 10여 년을 살면서 아직 꿈다운 꿈을 못 가져 봤다는 사실은 지금까지 '주체적인 삶'을 살지 못했다는 증거이기 때문이다. 그 만큼 학생들은 자신의 의지대로 공부하고 원하는 목표를 달성하기 위해 노력하는 것이 아닌 타의에 의해 자극받고 공부를 해왔다는 것이다. 이 런 아이들에게 가장 필요한 것은 남이 원해서가 아닌 본인이 원해서 하 는 공부라는 의식을 명확히 심어주는 것이다. 난 아이들에게 공부를 하 는 이유에 대해 설명할 때 이런 이야기를 한다.

"자, 애들아. 너희들은 사실 명확한 목표가 있다면 굳이 공부를 할 필요가 없 어. 근데 왜 이 자리에서 공부를 하고 있을까? 그건 너희가 아직 너희 자신 에 대해 많이 생각해보지 않았기 때문이야. 공부를 해서 좋은 대학에 간다 라는 사회적인 목표는 너무나도 길이 명확하거든. 즉 너희가 공부한다는 것 은 모든 목적지에 도달할 수 있는 가장 넓고 안전한 고속도로를 주행하는 것과 같아. 그러다가 진짜 목적지를 발견하게 되면 그 방향에 맞추어 나아 가면 되는 거지. 그런데 만약 지금 목적지가 없다고 해서 아무것도 안 하고 제자리에 멈춰있거나 같은 자리를 뱅뱅 돌게 되면 나중에 진짜 원하는 것을 발견했을 때 이미 너무 늦어버리겠지?"

이렇게 학생들에게 부모님을 위한 공부가 아닌 자신을 위한 공부를 하게끔 유도하는 것은 그 학생의 미래를 위해 매우 중요한 일이다. 자신 이 원해서라기보다 어쩔 수 없이 떠밀려 공부하는 경우도 대학까지는

갈 수 있다. 하지만 대학교를 진학한 후 자신의 진로를 결정해야 하는 상황이 왔을 때 방황하는 모습을 많이 보게 된다. 그렇기에 학생들 스스로 '나는 왜 공부를 해야 하고, 내가 진정으로 원하는 것이 무엇이지'의 물음에 대해 생각할 수 있게 강사가 노력해야 한다.

당장 학생들이 목표가 없다 하더라도 자신이 좋아하거나 가고 싶은 대학을 설정하고 그것을 이미지화하라는 이야기를 꾸준히 해야 한다. 그렇게 되면 그 지점이 최종 목표가 아닐지라도 일정한 방향성을 가지고 그 목표를 달성하기 위해 노력하게 된다.

우리 강의실에는 아이들을 위한 '드림보드'가 있다. 이 드림보드에는 학생들이 가지고 싶은 것, 가고 싶은 대학, 하고 싶은 것에 대한 이미지가 붙어있다. 고1, 고2의 경우 시험을 잘 봤을 때 가지고 싶은 것들과 막연한 목표, 희망 등을 붙이게 한다. 고3의 경우는 가고 싶은 대학을 설정해 붙이라고 한다. 학생들의 목표를 붙이자 이상하게도 학생들이 전보다 끈기를 갖게 된다. 아이들이 공부를 하는 데 있어서 이 드림보드가 공부를 꾸준히 그리고 열심히 하게 만드는 크나큰 동기가 되는 것이다.

어떤 한 가지에 미쳐본 적이 있는가? 혹은 가슴 뛰는 꿈을 간직한 채 하루하루를 바쁘게 지내본 적은? 이러한 경험이 있었다면 무언가 하나에 몰입하는 것만큼 자신을 열정적으로 만들어주는 것은 없다는 사실을 알 것이다. 대부분의 학생들은 이러한 꿈이 없이 어디로 향하는지 모르는 뜀박질을 하고 있다. 강사는 그들이 가는 명확한 목적지를 설정해주고 그 목적지에 가는 명확한 이유를 명시해주어야 한다. 그 목표가 그들의 심장을 뛰게 만들고 두근거리도록 만들어주어라. 강사로서 아이들에게 가슴 뛰는 꿈을 심어준다면 그 아이들은 절대로 강사를 배신하지 않는다. 그들은 평생 그 강사를 자신의 멘토이자 선생으로 존경하고 의지할 것임이 틀림없다.

03

학원 원장들이
모시고 싶어 하는 강사가 되어라

나는 은사님의 소개를 통해 처음 학원에 발을 들이게 되었다. 막 대학교 4학년 졸업을 앞두고 있는 대학생이었던 나는 꾸준히 수학 과외를 해온 것 말고는 아무런 경험도 기술도 없었다. 그렇게 해서 들어간 학원은 지금에 이르기까지 성장해나간 장소라 할 수 있다. 하지만 한 가지 큰 한계가 있었다. 몇 년이 지나도 그곳의 원장은 나를 초보강사이자 은사님의 제자로서 기억된단 점이었다. 이러한 인식들을 바꾸어가며 자리를 만들어가는 과정은 매우 힘이 들었다.

물론 2016년부터는 〈수리학당〉의 이과를 담당하는 대표강사로서 많은 학생들을 가르쳤다. 여러 준비를 통해 나에게 온 기회를 잡았으며, 나의 가치와 가능성을 몸소 시험해 볼 수 있는 계기가 되었다. 처음 10명부터 시작했던 나의 이과반이 50명을 향해 가면서 자연스레 원장님은 나의 실력을 인정해주기 시작했다.

원래 학원의 시스템은 2명이 2반을 맡는 팀제수업이었다. 이 수업 방식은 나의 실력을 바로 보이는 데 큰 한계가 있었다. 보통 나보다 더 경력이 있는 강사와 함께 팀을 맡기 때문에 그 강사보다 더 낮은 비율로 성과급이 지급되었다. 때로는 상대방의 잘못을 떠안기도 했으며, 학생 수 또한 밑 빠진 독에 물을 붓는 것처럼 차오르지 않아서 힘든 날들을 겪어야만 했다. 그랬던 내가 현재는 학원의 가장 많은 학생을 가르치는 이과 1타 강사로 우뚝 섰다.

이제는 결혼을 비롯하여 나의 가치를 펼치기 위해 새로운 학원으로 나아가려 한다. 그러기 위한 준비 단계로 이전 학원에서 1타 강사로 우뚝 선 것이고, 그 다음 인터넷 강의로 강의의 폭을 넓히기 위한 준비를 하고 있으며, 마지막으로 나의 저서와 SNS를 통해 나의 '퍼스널 브랜딩'을 철저히 해나가고 있다.

요즘 학원은 하루에 하나가 생긴다고 할 정도로 많아지고 있다. 하지만 그에 비해 학생 수는 점차적으로 줄어들고 있는 것이 현실이다. 이러한 상황 속에서 학원의 경쟁력은 얼마나 좋은 강사를 데리고 있느냐가 중요한 요건으로 자리 잡았다. 하지만 많은 원장들이 좋은 강사를 고용하기란 쉽지 않은 일이라고 한다. 그렇다면 학원 원장들이 이야기하는 좋은 강사란 무엇을 말하는 것일까? 현재 중소규모 이상의 원장 10명에게 직접 강사를 뽑을 때 무엇을 보는지에 대해 물어보았다. 그들이 이야기하는 중요한 원칙은 다음과 같다.

첫째, 자신감을 갖춘 강사

원장들에게 강사를 고용함에 있어서 가장 먼저 보는 것이 무엇이냐는 질문에 면접 시 강사의 자신감 있는 태도라는 공통된 대답을 들을 수 있었다. 실력이 없더라도 자신감을 갖추고 들어간다면 반은 먹고 들어가는 셈이다.

둘째, 강사의 강의력

강의력이란 같은 내용을 어떻게 전달하느냐에 대한 능력을 말한다. 같은 내용을 설명하더라도 강의력이 좋은 사람의 강의와 좋지 않은 사람이 강의는 전달되는 정도가 다르다. 아무리 다 아는 쉬운 내용이라도 어떻게 전달력 있게 수업하느냐가 가장 중요하다는 이야기다. 이는 보통 시강施講을 통해 많이 보는 편이다. 만약 모르는 문제를 시강 문제로 만나게 된다면 좀 더 쉬운 문제를 달라고 자신 있게 이야기하라. 원장들이 보는 것은 어려운 문제를 푸는 능력보다 그 문제와 개념을 전달하는 강사의 강의력이니 말이다. 실력은 나중에도 얼마든지 보충할 수 있다.

셋째, 강사의 컨텐츠

학원 원장의 입장에서 봤을 때 강사가 컨텐츠를 얼마나 확보하고 있는가는 대단히 중요하다. 컨텐츠가 확보되어 있어야 학원에 보탬이 되는 자료가 될 뿐만 아니라 이를 통해 강사의 관리 역량을 판단할 수 있기 때문이다. 아무리 강의를 잘한다 하더라도 그에 밑받침이 되는 자료가 없다면 멋진 책꽂이에 꽂을 책이 없는 것이나 마찬가지인 셈이다.

넷째, 학생들에 대한 책임감과 관리력

"대다수 원장님들은 사업적 이윤을 바탕으로 학원이 잘 운영되길 원합니다. 그리고 새로운 교육정책과 입시흐름대로 그에 맞게 잘 대처하고 싶어합니다. 하지만 원장 혼자만의 머릿속에 이런 생각을 가지고 있다면 그건 공상에 불과하죠. 정답은 '강사와 함께 움직여줘야 한다는 것'입니다. 수업계획서를 짜고, 상담전화를 적어도 달 2회는 꾸준히 돌리고 평시와 시험기간 진도표 작성은 물론 학생의 상태를 주기적으로 학부모께 알리기 위한 '관리적 노력'을 추가로 해야 합니다. 강의력은 필수고요. … (중략) … 학교교사들도 학생관리는 정년 때까지 짊어지고 가야 할 숙명으로 여깁니다. 힘드시겠지만 관리가 무너지면 다 무너지게 돼요."

현 안산 정상어학원 대표인 박상민 대표의 말에 따르면 강사에게 강의력은 필수이며 관리의 노력을 기울이는 강사를 원장은 원한다는 것을 알 수 있다. 이는 다른 원장들도 동일하게 이야기한 부분이다. 예전처럼 단순히 강의만 잘해서는 안 된다. 학부모와의 소통과 학생들의 관리, 그리고 관리력이란 3요소가 적당히 융합되어 있어야 한다는 것이다. 이 3요소는 이제 매우 중요하게 자리매김했다는 사실을 잊지 말아야 한다.

다섯, 강사의 열정과 끈기

아무래도 학원이라는 공간은 쉽지 않은 곳임에 틀림없다. 명확한 목표의식과 끈기가 없다면 금방 도태되어버리거나 힘에 부쳐 나가버리기 십상이다. 그렇기에 내가 받으려는 이 강사가 얼마나 끈기 있게 이 학원에서 일을 해나갈지는 원장에게 있어서 매우 중요한 요소라 할 수 있겠다. 내가 얼마나 열정 있는 사람인지, 그리고 얼마나 끈기 있게 성공할 수 있는지를 적극적으로 어필하는 것이 좋다. 그런 열정과 에너지를 가지고 있는 강사라면 어느 원장이라도 마다하지 않을 것이다.

사실 학원강사는 자신에게 가장 적절한 학원을 스스로 찾아야 한다. 내가 원해서 들어가기보다 그들이 나를 원하게끔 만들어야 한다. 그러려면 현재 가지고 있는 장점들과 전략들을 잘 세워보길 바란다. 나의 지인인 H 강사는 학원강사를 시작한 지 얼마 되지 않아 학원에 협상하여 비율제를 3:7에서 5:5로 전환하고 학원의 시스템적인 것들을 책임지고 관리하는 자리까지 올랐다. 이는 그 강사가 학원에 '없어서는 안 될 강사'이기 때문이었다. 또한 내가 아는 P 강사는 다른 직장으로 이직하려던 그를 옮기려고 하는 학원보다 무조건 좋은 페이를 줄 테니 남아 있어달라 했다고 한다. 내가 가치가 있는 강사라면 당당하게 나의 가치를 보상

받을 줄 알아야 한다.

당신은 지금 학원에서 어떤 강사인가? 있으나 마나 한 강사인가, 아니면 없어서는 안 되는 중요한 강사인가? 만일 전자라면 어떠한 노력을 기울여 나의 가치를 높일지 생각해보자. 무엇보다 강사로서 가장 중요한 것은 실력도, 학벌도 아닌 열정과 자신감임을 잊지 말아라. 실력과 노하우는 그 뒤로 쌓아가도 충분하다.

04

비전을 가진
강사가 되어라

아빠가 아들에게 이야기한다. 자신이 정해주는 여자와 결혼하라고 하는 아버지에게 아들은 싫다고 반박한다. 그러자 아버지가 말한다. "그 여자는 빌게이츠의 딸이란다" 아들은 반색하며 받아들인다. 아버지는 이번에 빌게이츠를 찾아간다. 그리고 빌게이츠에게 이야기한다. "당신의 딸과 내 아들을 결혼시킵시다." 그러자 빌게이츠가 어이없어하며 말했다. "싫소." 아버지는 다시 이야기한다. "내 아들은 월드뱅크의 CEO요." 그러자 빌게이츠는 승낙한다. 이번엔 아버지가 월드뱅크의 회장을 찾아간다. 그리고 말한다. "내 아들을 월드뱅크 CEO로 임명해주시오. 내 아들은 빌게이츠의 사위요."

참으로 어이없는 이야기이지만 우리는 여기에서 중요한 사실 하나를 얻어가야 한다. 바로 '이루어졌다'라는 것에서부터 시작해야 한다는 사실이다. 이 이야기의 아버지는 아무것도 되어있지 않은 상태에서 다 이루어진 것 같이 행동하고 이야기했다. 그러자 마법처럼 모든 일들이 자연스레 이루어졌다.

이는 할리우드의 거장인 스티븐 스필버그의 일화에서도 엿볼 수 있다. 그는 처음부터 자신이 거장이 되는 상상을 하고 그것이 실제로 이루어진 것 같이 행동했다. 영화 한 편 내보지 않은 무명 감독이었던 그가 '유니버셜 스튜디오'에 자연스럽게 들어가 자신의 이름을 걸고 비어있는 사무실을 당당하게 썼다고 한다. 몇 년 뒤 그는 실제로 할리우드의 대영화감독이 되었고, 그것이 이루어 진 것에 대해 당연하게 생각했다고 한다.

강사라는 직업은 어찌 보면 정말 힘든 직업 중 하나이다. 매일매일 수업 준비를 해야 하며 아이들과 학부모와의 상담도 게을리해서는 안 된다. 주말에는 12시간 수업을 하는 날도 허다하다. 아이들이 여행을 가거나 아파서 결석하게 되면 수업 외의 시간에 보강을 해 주는 것도 강사의 역할이다. 이러한 힘든 일들을 하나도 빠짐없이 '동시'에 수행하려면 사실 기본적인 마음가짐으로는 힘들다. 대신 "끝에서부터 시작하자"라는 각오가 필요하다.

힘든 상황이 왔을 때, 지금 상황이 월 200을 받는 상황이라면 더욱 우울해지고 억울해지기 마련이다. '내가 월 200밖에 못 받는데 왜 이렇게까지 일해야 하지?'라는 생각을 하는 순간 그 자리에 멈출 수밖에 없다. 하지만 이렇게 생각해 보자. '현재 나는 월 1억을 버는 최고의 강사이고 지금 나를 기다리는 학생들은 나의 도움을 바라고 있다. 나는 그들의 성적을 올려줄 능력이 되는 강사다.' 이렇게 인식을 바꾸는 순간 내가 하는 일 하나하나가 너무나 당연시되는 일로 바뀐다. 강의의 질과 아이들을 대하는 태도 또한 바뀌기 마련이다. 학부모와 상담할 때의 말투와 어투 또한 바뀌게 된다. 월 1억을 받는 강사가 이 정도의 노력도 안 해서야 되겠는가? 중요한 것은 내가 실제로 그렇게 되었다 생각하고 행동하는 것이다.

내가 실제로 믿고 그렇게 행동하는 비전에 대한 선언문을 여기서 공개하고자 한다. 나의 비전선언문은 다음과 같다.

첫째, 나는 월 1억을 버는 강사로서 내가 가르치는 학생들의 성적뿐 아니라 미래를 책임지는 데 있어 최선을 다한다.

둘째, 나와 나의 배우자와 행복한 가정을 만들어나간다.

셋째, 최고의 강사 코치로서 어려운 처지에 있는 강사들을 억대연봉으로 만들어주고, 이들이 모이는 억대연봉 강사들의 커뮤니티를 운영한다.

넷째, 매년 책을 펴내는 베스트셀러 작가로서 많은 사람들에게 선한 영향력을 행사한다.

다섯째, 나의 꿈과 동기부여를 통해 많은 이들에게 꿈과 희망을 심어주는 최고의 강연가이다.

여섯째, 나는 가난하고 빈곤한 아이들에게 교육의 기회와 희망을 주는 드림 아카데미의 대표이며 이를 점차적으로 확대해나가고 있다.

일곱째, 내 이름으로 된 건물이 있고 이는 나의 이상과 꿈을 이루는 회사의 대표로서 더욱 더 큰 꿈을 만드는 초석으로 사용되고 있다.

여덟째, 꿈을 함께하는 꿈맥들이 있기에 그들과 함께 이상적인 교육환경을 구축해나가는 데 최선을 다하고 있다.

아홉째, 나는 슈퍼리치로 돈과 시간으로부터의 자유를 얻는다.

열번째, 모든 일들은 내가 원하는 대로 이루어진다.

여기서 가장 중요한 것은 열 번째라고 생각한다. 내가 생각하고 이룰 수 있다고 확신하는 순간 그 결과는 사실이 되어 내 앞에 나타난다. 이를 깨닫는 것이 매우 힘든 일이지만 실제로 그것들이 이루어졌고, 내가 상상했던 것들이 하나둘씩 현실로 만들어지고 있다. 반대로 내가 이루어질 수 없다고 생각하는 순간 그것은 내면에서 절대로 그렇게 되지 못하게끔 나의 상황을 제한적으로 만들어버린다. 이를 알기에 내가 가르치는 학생들의 목표 등급을 자신의 이상보다 한 단계 높여서 쓰라고 당부한다. 내가 한계를 지어놓으면 그 이상의 결과물을 절대로 만들어낼 수 없기에.

현재 당신이 강사이고 좀 더 큰 목표와 꿈을 가지고 있다면 자신만의 비전을 세워라. 비전은 벡터와 같다. 목표는 한 점이지만 비전은 나의 꿈에 대한 방향성을 지칭할 뿐이다. 그리고 그 방향으로 나아갈 때 내가 이미 그 도착 지점에 도착한다는 인식을 가지고 간다는 점에서 목표와는 다르다. 목표는 도착했을 때 또 다른 목표를 세워야 하지만 비전은 그럴 필요가 없다. 나아가면 나아갈수록 나에게는 더 큰 목표들이 생겨 난다.

1등 강사가 되기 위해 지금 당신은 무엇을 하고 있는가? 당신의 비전을 세우고 그 비전을 통해 꿈의 방향성을 정하고 이미 그것이 이루어 진 것 같이 행동하는 것, 그것이 지금 당신이 가장 먼저 해야 할 일이다.

05

1%에 속하는
1등 강사가 되어라

우리나라에 개최되었던 평창 동계올림픽에서 1만 미터 스피드 스케이팅 경기가 있었다. 스피드 스케이팅은 1만 미터의 코스를 스케이트를 타고 도는, 흡사 육상의 마라톤과 같은 지옥의 경기이다. 엄청난 거리를 빠른 속도로 유지해야 하는 정신력과 그에 맞는 체력안배가 필요하다.

우리나라는 이승훈 선수가 출전하였다. 그가 1등 레코드를 갱신하는 순간 우레와 같은 함성이 터져나왔다. 이날 이승훈 선수는 개인 스코어를 갈아치웠다. 하지만 그의 1등 기록은 커피 한 잔을 다 마시기도 전에 끝나버리고 말았다. 그 후반 조의 경기에서 네덜란드의 요릿 베르흐스마 선수가 이승훈 선수의 기록보다 10초나 빠르게 세워버리면서 올림픽 신기록을 작성해버린 것이다. 1등이 정해진 줄 알았던 이 대회는 그 바로 다음 경기에서 또다시 올림픽 신기록이 갱신되는 엄청난 이변을 연출했다. 결국 캐나다 출신의 테드 얀 블로먼 선수가 요릿 베르흐스마 선수의 기록을 제치고 당당히 금메달을 차지했다. 개인 신기록이자 올림픽 신기록이었다. 어떻게 이런 일들이 일어난 것일까?

　요즈음 강사 구직의 문은 넓다. 현재 많은 학원들이 새롭게 생겨나고 없어지는 것만 봐도 알 수 있다. 과거 2014년 한국교육개발원 교육통계연표에 따르면 전국에는 69,678개 학습교과 교습학원이 운영 중이다. 이곳에 일하는 강사 수만도 277,028명이다. 지역적으로 보면 서울 지역에 13,671개 학원이 운영 중이고, 강사 수는 86,502명으로 가장 많았다. 그 다음은 경기 지역으로 18,074개 학원이 운영 중이고, 강사 수는 56,380명이다. 2018년을 과거와 비교했을 때 학원의 수가 더 늘고 일하는 강사의 수도 더 늘었다고 집계되고 있다. 이에 비해 가르치는 아이들은 점차적으로 줄고 있는 추세이고 앞으로도 그럴 것이라 전망되고 있다. 그만큼 강사 시장의 경쟁이 치열해 지고 있다는 것을 뜻한다.

　학원강사 시장은 많은 사람들이 경쟁하는 주요 메이저급 올림픽경기와 비슷하다. 축구를 예를 들어보자면, 축구를 하는 사람들은 국가대표에서부터 동네 조기축구까지 진입장벽자체는 높지 않다. 하지만 축구라는 것을 직업삼아 하기 위해서는 각오가 필요하다. 취미로 할 수도 있지만 직업이 되었을 때의 경쟁은 상상을 초월하기 때문이다.

　내가 학교에서 잘 알던 동생도 어렸을 적부터 축구 신동이라 불리며 축구선수의 길을 꿈꾸던 꿈나무였다. 하지만 그것은 오래가지 못하였다. 동네에서는 정말 축구를 잘하는 아이였으나, 전국구로 보았을 때는 그렇지 않았던 것이다. 우리나라에서 그렇게 잘하는 사람들이 모여 꾸려진 국가대표팀이 세계적인 무대인 월드컵에 나가서 욕을 먹는 상황을 보라. 축구란 정말 만만하지 않다는 사실을 알 수 있다.

강사도 별반 다르지 않다. 동네학원에서 150만 원 정도 받고 일하는 강사가 있는가 하면 월 몇 억씩 버는 스타강사도 분명 존재한다. 이는 강사라는 직업뿐만은 아니겠지만, 정말 그 사람이 하기에 따라 월급은 수십 배에서 수백 배까지 차이를 만들 수 있다. 이러한 차이는 앞서 이야기한 바와 같이 강사의 노력과 열정, 그리고 얼마나 아이들을 위해 강의하는지, 강의적인 스킬을 얼마나 습득하고 있는지, 마지막으로 그 사람의 의식의 크기로부터 나타난다고 할 수 있다.

우리는 학원강사계의 국가대표가 되어야 한다. 국가대표가 되어 그 안에서 경쟁했을 때 더 큰 실력의 향상을 이룰 수 있다. 이러한 실력의 향상을 바탕으로 최고가 되기 위해 노력해야 한다. 혼자서는 절대로 되지 않는다. 경쟁하고 서로를 채찍질 해주는 협력적 관계가 꼭 필요하다.

앞서 이야기한 사례에서 올림픽 신기록이 두 번이나 연속으로 깨진 것은 우연이 아니다. 두 사람은 모두 올림픽 신기록을 세울 수 있는 능력을 처음부터 가지고 있었다.

이승훈 선수는 승부수를 가르기 위한 전략으로 몇 바퀴째까지 일정한

속도를 유지하다가 빠르게 가는 전법을 사용하여 빙판을 질주했다. 하지만 요릿 베르흐스마 선수는 달랐다. 처음부터 질주하기 시작했다. 뒤로 갈수록 스피드가 줄어들 법도 했지만 그의 속도는 줄지 않았다. 그의 속도는 뒤로 갈수록 더욱 빨라졌다. 이렇게 그는 이승훈 선수를 10초가량이나 따돌리고 1등과 올림픽 신기록을 동시에 차지했다. 그 다음 바로 후발주자로 나선 테드 얀 블로먼 선수는 이러한 결과에도 주눅 들지 않았다. 스피드스케이팅 경기에서는 각 바퀴마다 1등 선수와의 시간적인 격차가 얼마나 벌어졌는지를 체크해주는 시스템이 존재한다. 이는 각 선수들이 1등을 하기 위해 어떤 페이스로 주행을 해야 하는지에 대한 지침을 제공한다. 그는 이 시스템을 완벽하게 사용했다. 그의 원래 페이스대로라면 결코 나올 수 없는 기록이었지만 1등을 해야겠다는 목표와 각오만으로 1등의 기록보다 0.1초씩 자신의 기록을 단축해나갔다. 결국 그는 요릿 베르흐스마 선수와 2초가량 격차를 벌린 끝에 금메달을 목에 걸었다.

뚜렷한 목표와 경쟁이 얼마나 중요한지는 앞선 사례를 통해 확인할 수 있다. 세계 최정상을 목표로 하는 이 선수들처럼 학원강사들도 최고가 되기 위해서는 성공을 꿈꾸는 경쟁이 필수적으로 필요하다. 현재 학원강사 시장은 줄어든 학생들을 내 학생으로 만들기 위한 강사들 간의 처절한 전쟁터라고 표현할 수 있다. 이 전쟁에서 승리한 1%만이 전체 학생의 90% 이상을 잡고 있는 것이다. 우리는 이 1%의 강사가 되어야 한다. 이 1%의 강사들 중에서도 최고가 되기 위해 고군분투하는 강사들이 되어야 한다.

최고들 사이에서의 경쟁이야 말로 그들을 더 높은 곳으로 올려주는 가장 큰 지렛대 역할을 하는 것이다. 작은 학원보다는 큰 학원으로, 지방보다는 수도권으로 학원을 이동하라는 이유가 여기에 있다. 동네학원에서 아무리 1등 강사가 되어 봐야 동네축구 황제가 될 뿐이다. 최고의 강사가 되려면 최고들과 경쟁하라. 그리고 그들이 어떻게 노력하고 있는지 두 눈으로 똑똑히 보고 그대로 실천하라. 그렇게 경쟁하고 치열하게 자신을 개발하였을 때 진정으로 높은 위치까지 올라가 있을 것이다.

우리들이 가르치고 있는 학생들 또한 대학이라는 목표를 위해 잘하는 학생들끼리 서로 경쟁하고 노력하는 모습을 바로 볼 수 있지 않은가. 그런데 왜 대부분의 강사는 1%의 성공한 강사들을 보며 나는 불가능하다던지 오르지 못할 산이라 짐작하고 그 노력의 십분의 일도 하지 않는 것인지 모르겠다. 학생들에게는 노력하여 좋은 대학교에 가라며 열변을 토하면서 자신들은 과연 얼마나 노력하고 있는지 의심스럽다.

아이들에게만 노력하라는 강사가 되지 말자. 강사가 노력하는 모습을 보였을 때 학생들도 그 강사를 믿고 따르는 법이다. 1등이 되고 싶은가? 억대연봉을 벌고 싶은가? 그렇다면 우선 1%안의 강사들과 협력하라. 그들과 최선의 노력을 함께해라. 그래야 당신이 최고로 가기 위해서 어떠한 노력을 기울여야 할지 보일 것이다. 점점 더 남들보다 앞서나가고 있음을 깨닫게 될 것이다.

06

아마추어 강사가 아닌
프로 강사로 성공해라

어렸을 적 나는 배드민턴을 엄청 좋아했다. 어렸을 적 아버지를 따라 다니며 쳤던 배드민턴은 나를 매료시키는 데 충분했다. 그렇게 경기도 하고 아버지를 따라 자주 치다 보니 자연스레 실력이 따라 올라갔다. 대학생이 되어서는 대학교 배드민턴 동아리에 들어가게 되어 그곳의 사람들과 어울렸다. 그때 대학교 배드민턴 대회가 있다는 것을 처음 알게 되었다. 그 당시에 나는 내가 잘 치는 줄만 알았다. 하지만 동아리에는 나보다 더 잘 치는 사람들이 많다는 것을 알게 되었다. 그 이후로 나는 시합에서 좋은 성적을 내기 위해 피나는 노력을 감행했다. 공부는 뒷전이고 아침부터 저녁까지 시간이 허용 될 때면 항상 배드민턴 연습을 했었다. 그렇게 대회 당일, 나는 대학별 배드민턴 경기에서 기적적으로 우승을 차지하는 영광을 얻게 되었다.

대학교 대회에서 이기고 나니 나의 자신감은 하늘을 찔렀다. 배드민턴을 잘 친다는 자신감으로 가득 차서 누구든 이길 수 있다는 확신을 가지고 있었다. 그렇게 체육관을 다니며 게임을 하고 있던 어느 날, 평소 보지 못했던 한 학생이 코트에서 게임을 하고 있었다. 이제 막 고등학생이 된 아이였다. 얼핏 실력이 좋아 보여서 그 학생에게 한 경기 같이 할 것을 권했고 나는 그 학생과 1대1로 단식을 치게 되었다. 하지만 결과는 처참했다. 15점 1세트 경기에서 단 한 점도 따내지 못한 것이었다. 계속 실수를 연발한 것뿐 아니라 그 학생은 내가 칠 곳을 치기도 전에 미리 아는 것만 같았다. 알고 보니 그 학생은 고등학교 배드민턴 대표선수였다.

프로선수는 어렸을 적부터 엄청난 노력을 거쳐 만들어 진다. 매일 운동을 위해 생활해야 하며 식단조절 또한 매일 해주어야 한다. 내 동생이 국가대표로 활동하던 시절 매일 아침마다 20km씩 구보하고 하루에 500번 윗몸일으키기, 푸시업 300번 운동 후 아침식사를 하는 모습을 지켜보며 '아 정말 운동은 쉽지 않구나'라는 것을 알 수 있었던 계기가 되었다. 동생이 그때마다 했던 이야기가 있다.

"이렇게 운동하는 게 힘들 줄 알았으면 공부나 열심히 할걸."

그렇게 이야기하던 동생은 정말 최선을 다했다. 운동하는 목표는 하나였다. 바로 '최고가 되기 위해서'였다.

강사들 중 아직까지 프로가 되지 못한 강사들이 많다. 항상 아마추어에 머물러 있는 강사들은 하루하루를 어떻게 편하게 수업할지, 어떻게 하면 일이 빨리 끝날지에 대해 생각한다. 그렇기 때문에 일하는 시간 외에는 강의와 학생들에 대한 생각을 일절 하지 않는다. 시험기간이나 잠깐 열심히 해야겠다고 느낄 때만 잠시 열심히 하는 척하다가 다시 원래대로 돌아가기 일쑤다. 지금 있는 공간에서 자신이 최고라는 자부심과 프라이드를 가진 채 '나는 나름 여기서 일타강사야'라고 자기위안을 삼는다.

하지만 프로가 되려 하는 강사는 치열한 경쟁 속으로 뛰어들어야 한다. 누구보다 더 강의와 학생 관리에 소홀하면 안 된다. 어떻게 하면 더 잘 가르칠지, 어떻게 하면 더 학생들을 모을 수 있을지 고민하고 또 고민해야 한다. 강의를 하는 시간 외에도 항상 강의 연구를 하고 공부를 한다. 항상 바쁘게 돌아가는 하루하루지만 이를 통해 성장하고, 더 높은 꿈을 꾸기 위해 노력하는 그런 강사가 프로강사이다.

내가 일했던 학원은 프로 강사가 되기에는 힘든 장소였다. 선생님들은 항상 편하게 일하는 방향을 추구하셨고, 더 노력하기보다는 더 편안한 방향을 찾는 데 초점이 맞추어져 있었다. 지금에 이르러서야 그렇게 해서는 학원이 살아남을 수 없음을 깨닫고 성과제를 통해 강사들의 능력에 따라 급여를 차등지급한다. 더 노력하고 열심히 하는 강사들에게 더 큰 기회를 주는 구조로 바뀌었다.

노력했는데도 불구하고 그 노력을 보상받을 수 없다면 그 학원은 더 이상 성장하기 힘들다. 프로강사가 되기 위해서는 우선 남들과 경쟁하는 장소를 찾아야 한다. 만약 가장 높은 위치까지 올라왔다면 그곳보다 더 큰 곳으로 나아가야 더 크게 성장할 수 있다. 개울물에서 놀던 개구리가 어찌 강의 깊음을 알겠으며 강에서만 살던 물고기가 어찌 바다의 넓음을 알 수 있을까? 지금 현재 내가 일하고 있는 곳에 안주해있어서는 절대로 안 된다. 나를 끊임없이 채찍질 하고 더 넓은 장소로 나를 인도해야 한다. 프로가 되려면 프로들끼리 경쟁해야 한다. 그렇기에 학원들이 밀집해 있는 대치동이나 분당, 노원, 목동 등의 학원에 들어가는 것이 필요하다. 만약 수도권이 아니라면 그 지역에 가장 큰 학원가로 가도 좋다. 그 강사가 성장하기 위한 배경은 크면 클수록 좋은 법이다.

"강사로 성공하기 위해서는 큰 학원가로 가라"라는 말이 있다. 그중 가장 유명한 곳은 대치동이다. 물론 현재의 대치동은 전성기였던 예전보다는 입지가 조금 작아진 느낌이 있다. 그래도 아직까지 많은 유명 인터넷강사 출신들은 대치동에서 수업을 하는 강사들이 많다. 그곳에서 최고의 프로강사들과 함께 경쟁하고 그 자리에 올라가는 상상을 해보아라. 만약 그 사람들과의 경쟁이 힘들어서 다른 곳에 머물러 있다면 그 정도밖에 못하는 강사인 것이다. 어느 정도 준비가 되었고 자신감이 생겼다면 실제 나의 실력을 가늠해보아야 한다.

강사를 시작하자마자 대치동으로 뛰어든 한 수학강사가 있었다. 그는 아무런 경력이 없음에도 불구하고 '나는 할 수 있다'라는 자신감 하나로 무장한 채 5년 만에 일대 학원가를 장악했다. 그가 처음 들어갈 당시에는 대치동이 추구하고 있었던 최상위권 소규모 강의가 주를 이루고 있었다. 하지만 그 강사는 이러한 틀을 깨고 '수능에 초점을 맞춰 교과과정 외의 내용은 배제하고 교과과정에 충실하고 깊은 수업과 학생이 실제로 실전에 사용할 수 있는 다양한 풀이'라는 관점으로 접근했고 그는 대치동 1타 강사가 되었다. 그는 현 대치동 1타 강사이자 현 온라인 강의 1타 강사인 현우진 강사이다.

그의 사례를 보고 단순히 동경을 하거나 대단하다는 생각만 하고 있으면 안 된다. 그에게서 배울 것이 무엇인지, 그가 어떻게 그 자리까지 올라갔는지 분석해야 한다. 그는 처음부터 가장 경쟁이 심하다는 곳으로 들어가 남들과는 다른 전략을 세워 성공했다. 다른 강사들이 단순히 어려운 강의를 추구했다면 현우진 강사는 실제 수능에 나오는 것들 위주의 문제나 테크닉을 가지고 강의를 구성하고 집중했다. 교과과정이 수능출제의 핵심이라는 단순한 원리를 자신의 방법으로 재해석한 것이다. 이는 지금까지도 그가 1타 강사를 지키는 데 큰 기둥 역할을 해주고 있다.

나는 현재 억대연봉 강사가 되었지만 아직도 많이 부족하다. 나의 목표는 전국의 1타 강사가 되는 것이다. 수학강사로서 현우진 강사가 있는 위치까지 올라가기 위해 지금 이 순간에도 끊임없이 노력하는 중이다. 억대연봉 강사는 일종의 메이저리그의 진입구간 정도밖에 되지 않는다. 이제는 더 높은 곳을 바라보아야 할 때인 듯하다.

성공한 강사가 되고 싶다면 성공한 강사들과 경쟁해라. 그리고 더 높은 곳에 있는 강사들을 보며 그렇게 될 수 있음을 강하게 믿어라. 그 이후 어떻게 그들을 어떻게 넘어설 수 있을지 연구하고 끊임없이 노력해라. 내가 멈추는 순간 그곳이 한계가 된다는 사실을 명심하라.

아직까지 학원강사가 되기 위해 어떻게 해야 할지 갈피를 잡지 못하는 사람이 있는가? 결국 기회는 행동하는 사람에게 오는 법이다. 아무도 가지 못한 길을 가는 데에는 큰 노력과 시간이 들지만 이미 방법과 시간을 절약할 길이 있다면 무조건 도전하고 볼 일이다. 언젠가 기회는 온다. 그 기회를 잡느냐 마느냐는 당신의 선택이다.

자, 이제 선택해보자. 당신은 무엇을 위해 학원강사를 시작했는지, 지금 현재의 상태에 만족하는지. 그리고 나서 두드려라. 성공으로의 길은 생각보다 가까운 곳에 있다.

카드뉴스로 보는
실전 수업 비법

성공자들이 성공할 수밖에 없는 이유

명제와 명언 (ET 쌤)

**성공자들이
성공할 수 밖에
없는 이유**

0. p, q의 정의

p : 성공한 사람이 된다.
q : 도전을 한다.

1. p->q

성공한 사람은

도전을 한다.

하지만 대부분의 사람들은 이렇게 말합니다.

2. q -> p

도전을 한다해서 성공하는 것은 아니다.

하지만 이걸 기억하시길 바랍니다.

3. $\sim q -> \sim p$

도전을 하지 않으
면 성공을 하지 못
한다

여러분은 아직도 새로운 것에
두려움을 느끼시나요?
이젠 도전하세요 !!

Yes you can!!
수학을 ET하라!!

당신은 이미 대한민국 최고의 스타강사다

아침 6시, 나를 깨우는 알람시계가 울린다. 아침 햇살이 나를 비추는 이 시간이 너무도 좋다. 오늘은 또 어떤 새로운 일들이 나를 기다릴까 궁금하다. 핸드폰을 본다. 오늘의 스케줄과 해야 할 일을 체크하기 위함이다. 그리고 잠시 눈을 감아 오늘 할 일에 대해 상상해본다. 상상만으로도 벅차오른다. 내가 하고 싶은 일을 하고 있고 나를 기다리는 사람들이 넘쳐난다. 누가 뭐라 해도 지금의 나는 최고의 스타강사이다.

나의 꿈이자 목표는 대한민국 최고의 수학 스타강사이자 꿈 강연가로 많은 사람 앞에 서는 것이다. 또한 많은 강사들이 억대연봉 강사가 될 수 있게 도움을 주는 최고의 '학원강사 코치'가 되고 싶다. 나는 지금 이 순간에도 열심히 달려가고 있다. 이러한 꿈과 목표를 이루기 위해 항상 하는 의식이 있다. 아침에 일어났을 때와 잠들 때 두 번 눈을 감고 내가 실제로 내가 원하는 삶과 꿈을 이루어진 하루를 생생하게 상상하는 것이다. 처음 이 의식을 했을 때는 명확하지 않았던 그림들도 반복하면 할수록 구체화되고 생생하게 떠오르는 경험을 하고 있다. 이제는 눈을 감으면 내가 상상하는 것을 명확히 떠올리고 느끼고 볼 수 있게 되었다. 이 의식이 끝난 후 하루를 시작하게 되면 마치 내가 목표했던 바를 이룬 것 같은 마음이 강하게 든다.

이지성 작가의 《꿈꾸는 다락방》에 나오는 내용 중 '영화 VD기법'이라는 있다. 자신이 꿈꾸는 모습이나 미래의 장면을 매일매일 영화관에서 상영하듯 바라보면 그 장면들이 실제와 같이 점점 구체화되고 나중에 가서는 그 영화에 내가 직접 참여한다는 것이다. 이 내용을 보고 정말로 그렇게 되는지 궁금해서 시작했던 것이 이러한 명상의 시초였던 것 같다.

결과는 매우 성공적이었다. 그날은 성공적인 하루가 될듯한 효과를 주었고 점점 생생하게 그린 나만의 영화가 구체화되어가면서 현실과도 방향을 맞추어 나아가는 효과를 얻고 있다. 지금은 그 구체화된 영상이 이루어질 것이라는 것에 조금의 의심도 없다.

지금까지 앞에서 이야기했던 많은 기술과 수업에 적용해야 하는 많은 부분들은 분명 중요하다. 여러분이 억대연봉 강사로 서기 위해서는 이러한 강의 스킬들과 관리 기술, 그리고 수업노하우 등을 철저히 습득하여야 한다. 사실 가장 강조하고 싶은 부분은 기술적인 면들보다 '강사의 의식'이다. 아무리 강의력이 좋고 수업이 좋고 관리력이 좋더라도 의식이 갖추어져 있지 않다면 그 사람은 금방 한계에 부딪히게 될 것이다.

그렇다면 성공한 강사가 갖추어야 하는 가장 핵심적인 의식이란 무엇일까? 사실은 단순하다. 내가 이미 최고의 스타강사라는 사실을 믿기만 하면 된다. 아무런 의심 없이 내가 스타강사가 될 수 있다는 사실을 받아들이기만 하면 된다. 당신이 최고라는 사실을 받아들이는 순간 성공하는 것은 시간문제이다.

성경에 예수께서 이렇게 이야기하는 구절이 있다.

"너희에게 겨자씨한 알만한 믿음만 있어도 이 산을 향해 '여기서 저기로 옮겨 가거라'하면 옮겨 갈 것이요, 너희가 못할 일이 없을 것이다."

겨자씨는 풀씨 중 가장 작은 씨앗으로 통한다. 여러분의 엄지에 약 천 개 이상의 겨자씨가 올라갈 수 있다고 하면 짐작하겠는가? 이런 작은 풀씨가 땅에서 자라 풀이 되면 그 어떤 풀들보다 더 크게 자란다. 즉 처음에는 가장 작은 씨앗이었지만 그 안에는 다른 어느 무엇보다도 커질 수 있는 잠재력을 가지고 있다. 이것을 통해 예수께서는 우리에게 어떠한 사실을 전하고 싶으셨던 것일까?

당신은 이미 성공하기 위한 모든 것들을 내면에 갖추고 있다. '나는 최고야. 뭐든 해낼 수 있어'라는 진실 하나만을 끄집어내면 된다. 하지만 대부분의 많은 사람들은 모든 상황들을 부정적으로 인식하기 마련이다.

예를 들어 일을 하던 학원에서 학생이 퇴원을 했다고 가정해보자. 그런데 그 학생이 다른 학생들을 선동하여 혼자만 나간 것이 아니라 단체로 퇴원을 해버렸다 생각해보자. 일반적인 경우 이 학생의 행동으로 이러한 상황이 일어난 것에 대해 분개할 것이다. 하지만 이제부터 이렇게 생각해보자. '나의 가치를 모르고 나간 학생들은 분명 후회할 거야'라고 말이다. 이러한 생각을 하면 선동되어 나간 아이들은 불쌍한 아이들이 되는 것이다. 이제 나의 수업을 들을 수 없으니 말이다.

모든 기적은 불가능함이라는 믿음 속에서 일어난다. 모세의 기적도, 예수님이 일으켰던 기적도 그들이 가능하다 믿었기에 일어난 일들이었다. 하지만 실제로 이것들이 불가능하다고 믿는 사람들에게 그 일들은 '절대로 일어날 수 없는 일'이 되어버린다.

나는 사람의 가능성이 무한하다는 말을 믿는다. 단지 그 가능성을 담은 '믿음'이라는 그릇이 작을 뿐이다. 아무리 1톤의 가능성이 있어도 이것을 담는 그릇이 1L밖에 되지 않는다면, 스스로의 가능성은 그것으로 한계 지어진다. 한계를 규정짓는 것은 주변의 그 누구도 아닌 바로 자신의 믿음이라는 의미이다.

이렇게 이야기하지만 나 또한 믿음을 의심한 적이 한두 번이 아니다. 그럴 때마다 나의 불안, 권태, 의심 등을 떨쳐버리려고 노력한다. 인간은 완벽하지 않다. '엔트로피의 법칙세상만물은 그냥 내버려두면 쓸모 있는 것에서 쓸모없는 것으로, 질서에서 무질서의 상태로 진행된다는 뜻'에 의해 필연적으로 더 불안해지고 더 안정적이지 못한 방향으로 나아가려 한다. 하지만 자신의 가능성을 스스로 받아들일 준비가 되어있다면, 무한한 가능성 안에서 기적이 일어나는 것은 너무나도 당연한 이치이다.

이제 당신의 가능성을 믿을 순간이 왔다. 지금 이 책이 당신의 믿음의 그릇을 확장시켜주었기를 바란다. 이제 선택하는 일만이 남았다. 당신은 성공할 준비가 되었는가?

이제 드디어 강연장에 갈 시간이다. 오후에는 꿈을 꾸길 원하는 학생들에게 꿈에 대한 강연을 하기로 계획되어 있다. 2천여 명의 학생들이 나의 강연을 듣기 위해 'ㄱ'대학교 강연장에 모여 있다.

강단에 입장하자 많은 학생들이 나를 격하게 환영해주었다. 이미 많은 학생들이 나의 수업을 인터넷 강의로 들었으리라. 나는 오늘 이 자리에 수학을 가르치기 위해 서있는 게 아니다. 그들의 꿈을 응원해주고 스스로 생각할 수 있도록 하기 위해 이 자리에 섰음을 이야기했다. 많은 학생들이 자신의 길을 찾고 더 나은 미래를 만들기를 바라는 마음으로 최선을 다해 그들의 미래를 응원했다. 누군가는 눈물을 흘리기도, 누군가는 활짝 웃기도 하는 모습이 내 시야에 비쳤다.

나는 더 많은 청소년들에게 내 꿈, 그리고 그들의 꿈에 대해 강연할 예정이다. 이는 내가 강사가 된 목적이기도 하다. 학생들을 위한 도서관 시설 구축과 도서 기증을 통해 학생들이 좀 더 책과 가까워질 수 있도록 도움의 손길을 주는 것도 잊지 않았다.

드디어 나의 마지막 일정이다. 나의 가장 큰 무대이자 많은 학생들이

기다리고 있는 학원으로 향했다. 차를 타고 이동하는 동안 준비해둔 PPT 자료와 수업 자료를 검토했다. 이미 전날 수업에 대한 준비는 완벽히 해두었다. 강의실에 들어섰다. 나를 기다리고 있는 수백 명의 학생들이 일제히 나에게 시선을 돌렸다. 나를 촬영하기 위한 카메라만 5대나 된다. 오늘 나는 다시 이 자리에서 수학강사로서의 표본이 되고 많은 학생들에게 동기부여를 하고 그들이 살아가는 데 큰 힘이 되는 강의를 할 것이다. 이제 시작한다. 마이크가 켜지고 일제히 5대의 카메라들이 나를 비춘다.

"안녕하세요. 여러분 모두의 인생, 그리고 꿈을 책임지는 꿈꾸는 강사 ○○○입니다."

○○○에 들어갈 사람은 이제 바로 당신이다. 이 이야기가 당신의 현실이라 믿어라. 당신은 이미 대한민국 최고의 스타강사라는 사실을 한순간도 의심하지 마라. 이제 당신이 주인공이다.

직접 써보는 나의 DREAM LIST

번호	목표	목표를 이루기 위해 필요한 것들	목표 기한	중요 도	달성 여부	달성 년도

번호	목표	목표를 이루기 위해 필요한 것들	목표 기한	중요 도	달성 여부	달성 년도

억대연봉 강의기술

초판 1쇄 발행 2018년 08월 20일

글쓴이   서동범

펴낸이   김왕기
주 간   맹한승
편집부   원선화, 김한솔, 조민수
디자인   이민형

펴낸곳   **(주)푸른영토**
          주소   경기도 고양시 일산동구 장항동 865 코오롱레이크폴리스1차 A동 908호
          전화   (대표)031-925-2327, 070-7477-0386~9 팩스 | 031-925-2328
          등록번호   제2005-24호.(2005년 4월 15일)
          홈페이지   www.blueterritory.com
          전자우편   blueterritorybook@gmail.com

ISBN 979-11-88292-65-3   13320